JN278105

ラスコー洞窟の壁画「牛と馬と鹿」（フランス B.C. 2 万年頃 旧石器時代後期）

この洞窟画が描かれた紀元前2万年には、
人間はまだ文字を持っていなかった。
しかし、この絵のなんと素晴らしいことか。

私が担任した年長児が描いた絵

マルシャーク作『森は生きている』のお話を聞いて感動した
ひとりの男の子が走って机に行った。
そして、継娘にマツユキソウを取らせるため、
2月の精が3月の精に杖を渡したときのようすを描いた。

やはり私が担任した年長児が描いた絵である

同じく『森は生きている』の話を聞いた後に女の子が描いたもので、
四月の精が杖を受け取ると、木々は芽を吹き、マツユキソウが咲き、
継娘がおどろきながら摘んでいるところである。
他の精も喜んで見ている。
年長児はこんな素晴らしい絵を描いているが、私は文字教育をしない。
文字は就学後に学ぶものである。前項のラスコーの洞窟画から、
私は学んでいる。

父の作品

私が小学生の頃、日曜日ごとに裏の田んぼの周りの山道を一家で散歩。その途中でスケッチし、楽焼にした。今でも大切に持っている。（本文 第三章 参照）

私の作品

戦後私の最初の仕事は、父の役所内をかりた玩具研究所で、布製玩具を作ることであった。展覧会を三越などでやったが、だんだん認められ、『こども部屋』に一年間毎月表紙を頼まれて作った、その一部である。

沖縄の姉妹園の年長児

薄着で、素足で、木登りをして遊ぶ子どもたちは、輝いている。
汚れを気にせず、夢中で泥遊びをしている子どもたち。
子どもたちには、こんな時が、とても必要なのだ。

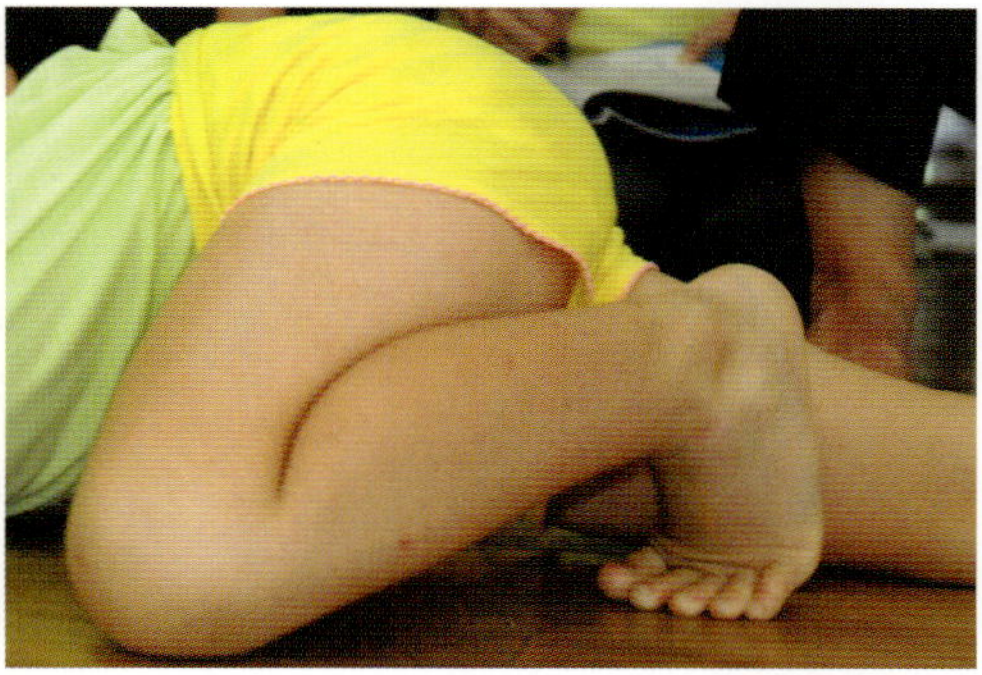

姉妹園の年長児が、
「両生類のハイハイ運動」を
している様子

足の親指で床を蹴って
前進しているところに
注目。

私の監修した絵本

子どもたちのために、
優れた文学作品を選び、
絵本にしてきた。

『コドモノクニ』を読む姉と私（手前）

生物の進化に学ぶ

乳幼児期の子育て

斎藤公子 著

小泉英明 序文

かもがわ出版

目次

第二章　子どもの可能性は果てしない

第三章　幼少期に影響を与えた父・母―隠岐《おき》の歴史と伝統のなかで

［序文］子どもたちの未来を創る保育科学者 ── 斎藤公子先生

小泉英明

斎藤先生の御本の一部に書かせて戴けるということは、自分にとって大変な光栄である。先生からは本当に多くのことを学ばせて戴いた。しかも掛け替えのない事柄ばかりである。自らに厳しく、また、弟子にも厳しいのが先生である。一切ごまかしのない、澄みきった心から多くの真実を看破された。それに先生は大変に謙虚であられる。古生物学の大家であった井尻正二先生（一九一三〜一九九九）や、没後にその評価と影響力がさらに高まっている解剖学・哲学の三木成夫先生（一九二五〜一九八七）を初めとする素晴らしい先生方が、斎藤先生が子どもたちの療育に必要と感じられた見識のすべてをおしげもなく披瀝（ひれき）し協力された。子どもたちに全てをささげてこられたのが斎藤公子先生である。

斎藤先生との出会い

斎藤公子先生との出会いはご縁を感じさせるものがあった。やはりご教示を戴いていた深谷の神経内科の小暮久也先生のところに、開発したばかりの光トポグラフィ装置を持ち込んで、お手伝いをしているときのことであった。小暮先生は米国マイアミ大学で長く教授を務められ、マイアミを脳卒中研究の世界の中心にされて国際脳循環代謝学会（CBFM）の総裁も務められた。先生のところにお邪魔したのは、トスカというオランダから連れて来られた二歳の赤ちゃんの脳の働きを、この装置で計って欲しいとの小暮先生のご所望によるものであった。検査室に入ると、赤ちゃんの付き添いはお母さんではなくて、少し年配のご婦人であった。私は会釈をして検査室の装置の傍らに立った。手伝って下さるお医者様が、そのご婦人に「検査中はどうぞ外でお待ち下さい。」と告げられた。すると突然、「それは私にはできません。私はこの子に全責任を持って付き添っているのです。何をされるか全て見届ける義務があります。検査が終わるまで、ここに立っています。」と述べられた。私は、その毅然とした態度と筋の通ったもの云いに、そのご婦人をまじまじと見つめてしまった。測定が終わってから、「失礼ですが、この赤ちゃんとどのような御関係をお持ちですか？」と伺った。すると「この子を療育のために預かっている斎藤公子と申します。」と云われてはっとした。何という偶然であろう。鞄（かばん）の中に、自宅近くの世田谷図書館で一部を複写した『脳の発達と子どものからだ』（築地書館）をその場に持ち込んでいた。久保田競先生と斎藤公子先生との共著であった。休みの日には、図書館でときどき目に付いた本を、かたっぱしから手にとって斜め読みする習慣があった。そこで、感銘を受けたのが、斎藤公子先生の文章であった。きわめて明快、かつ論理的であり、しかも平易な文章は自然体であった。それを複写したのは、落ち着いて読み直してみたいと思ったからである。本の中でお見受けした写真よりも小柄で、ご本人とはわからなかったのであるが、そこに立っておられる方が斎藤公子先生と知って、突然、胸が高鳴り始めた。すぐに鞄のなかから複写を取り出して、先生にお目にかけたのであった。

先生もとてもびっくりされた。そして「このあと、お時間はおありですか？」と私に問われたのである。何をさておいてもご一緒したかったので、「何も予定はありません。」と即座にご返事した。その日、斎藤先生は関係されておられる全ての施設を案内して下さった。何という幸運であろう。そして、晴天の霹靂（へきれき）といったかたちで、私の目を見開かせて下ったのである。何と類稀な天賦の才能をおもちでいらっしゃることか。見せていただいた子どもたちの椅子も机も、部屋もベランダも、そして庭の傾斜や自然の全てに素晴らしい発想が溢れていた。

オランダの少女トスカのこと

しばらくしたある日、突然、英国のＢＢＣ放送局から電話がかかってきた。「ロンドン大学の先生から、日本で光トポグラフィという脳の働きを画像で見ることのできる装置が開発されたと聞きました。電話で失礼ですが内容を教えていただけませんか？」ということであった。一時間近くも電話で話しただろうか。「とても興味深いので、ＢＢＣの撮影隊を数ヶ月以内に日本に派遣します。」とのことであった。

やがて、本当にＢＢＣの撮影隊が来日した。オクスフォード大学出身の金髪の女性が監督だった。『明日の世界』(Tomorrow's World)という科学番組で、夕食の時間帯にＢＢＣテレビの第一チャンネルで放送されるとのことである。「世界で最初に開発され、かつ人々に直接役立つ科学技術」であることが、放送される必須条件とのことであった。たしかに光トポグラフィはその条件を満たしてはいる。けれども私は、それ以上に斎藤公子先生の活動こそ世界の人々に知ってもらうべきではないかと感じたのである。斎藤先生のなさっていることは、まさに未来を担う子どもたちを健やかに育むためのお仕事であり、「明日の世界」という題目にぴったりだと感じたのであった。私は監督にそのことを力説した。彼女も一旦は同意して本国へ連絡したのであったが、その返事は必ずしも期待したものではなかった。表向きはやわらかく見えるかもしれないが、頑固さでは斎藤先生にも引けをとらない私は、監督に「もし、斎藤公子先生の療育現場を番組に入れられないのなら、光トポグラフィの取材もお受けできない。」と切り出した。撮影隊とともに、わざわざ日本までやってきた監督は真っ青になり、やがて口論となって、さらには涙を見せそうになった。しかし、そこは心を鬼にして、本当の意味で番組が人々に役立つためにと、自分のわがままを押し通してしまったのであった。

結局、光トポグラフィでのトスカの検査風景と診断、そして斎藤公子先生の療育の現場が、英国ＢＢＣの優れたスタッフによって放送用ビデオに収められた。撮影期間を一日延長して、斎藤先生ご自身への取材も撮り終えたのであった。私自身はいつもカメラの死角に立つようにしていたので、ほとんど登場していないのであるが、とても気に入った番組に仕上げてくれた。深谷から東京までの帰路は、誘われるまま撮影隊のバスに便乗した。日本なのに、私を除いて日本人が誰もいない不思議な雰囲気だった。最高の場面がビデオに収められたと、監督や、英国では人気者のキャスターも、そしてビデオアーティストや録音係も含めて全員がすっかり盛り上がっていた。飲んで食べて、そして大声で歌い続けて東京に戻ったのである。放送された内容は英国でも注目を浴びたとのことで、「賞にノミネートされたが、授賞式当日は英国に来られるか。」との知らせが入った。最終選考まで残ったものの結局は受賞にいたらなかったが、斎藤先生を始め、関わったどのかたにも良い形になって嬉しかった。

斎藤先生の人となり

トスカは日本に連れてこられたのであるが、海外から日本に治療を受けに来る場合は、種々の医療保険の狭間（はざま）に入って、一切といってよいほど公的な費用の給付が受けられなかった。斎藤先生はご自宅をトスカの親子とそのお手伝いさんに提供して、ご自分は質素なトタン屋根の家に移られた。いつ発作が起こるかもしれない重篤な脳障害児をすべてご自身の責任で預かって、献身的な療育を続けられたのである。斎藤先生の主治医の方に伺うと、ご自身が「いつ亡くなられても不思議はない。」といわれるほど、お身体を酷使されていた。けれども斎藤先生が弱音を吐かれたことは一度としてない。どんなに体調の悪いときでも毅然とされていた。そして、「トスカの仕事は私の最後の務めです。」とよくおっしゃった。その結果、医学の常識からは奇跡というほかはないような劇的な回復がトスカに見られたのである。当然ながらトスカの両親は感激した。現在、斎藤先生の療育を実施するための施設を自らオランダで開設し、同じような子どもをかかえる人々と先生の知見を共有しておられると聞く。

斎藤先生はトスカの療育のために、身を粉にして力を注いでおられたが、それは今に始まったことではなかった。先生が助けた子どもたちは数多い。ときどき話して下さる思い出には、凄まじさを感じることがあった。戦後の混乱期にも多くの子どもたちを救うことを実践されてこられた。母親の胎内で被爆した子ども、親子の間に生まれてずっと押入れに閉じ込められていた子ども、客商売の母親から障害をもったまま捨てられていた子ども、どの子も施設や病院から、あるいは社会から見放されていた。その子たちを全身全霊で育て上げたのである。さらにあるとき、斎藤先生のお宅にお邪魔した際に届いたファクシミリには、「この子を殺して、私も死にます。」と書かれていた。私はどぎまぎしてしまったが、先生は泰然としておられた。（この親子にはずっと後になって引き合わせて下さった。）

あるとき斎藤先生から戴いたお電話は、「昔、私の保育園にいた子どもたちが来るのでお越しになりませんか。」というお誘いであった。その子とは初対面だったが、表情からも極めて健やかに育ったことがありありと見てとれた。大きくなったので、お世話になった保育園で斎藤先生のお手伝いがしたいというのが、その子の訪問の理由であった。かつてのその子たちのように、脳障害で困っている子どもたちに、何かしたいという思いをもっていたのである。斎藤先生の著作にも登場する障害を持っていたころの写真を自ら指し示してもくれた。また、もう一人の子は、不登校の子どもにも夜を徹して付き合って、やがてはその子が学校に行き始めるきっかけを作ったとも聞いた。斎藤先生が魂を吹き込むのは、人間としての命の根幹の部分である。それはその子のなかで芽吹き、やがてその子の個性とともにしっかりと開花するのである。

科学的な保育への試み

私から拝見すると、斎藤先生は素晴らしい保母（保育士）であると同時に、たいへんに優れた実験科学者とも言えるであろう。子どもたちに向ける温かい眼差しの一方で、その行動を観察する目は優れた科学者のそれである。先生はパブロフ（Ivan Petrovich Pavlov, 1849～1936）の考えを学ばれ、「すべて注意深い観察の繰り返しに尽きる。」との信念を述べられたことがある。障害児に接する小児科の臨床医師は、みな科学者かというと必ずしもそうではない。なぜなら医師の役割・目的は、まず的確な診断とそれに基づく治療内容の指示である。しかも、病院の採算からすると、一人の子どもを通常は三～五分くらいで診察しなければならない現実がある。多くの患児を診ることによって、豊富な経験と知識を蓄積しているが、療育にたずさわる人々のように一人の患児を毎日見続けるということはできない。斎藤先生は、特に重篤な脳障害児の場合には夜も一緒に寝て、ずっと傍を離れないのである。それが来る日も来る日も続く。まさに、実験科学者の鋭い観察力と忍耐、そしてわずかの変化も見のがさない注意力をかね備えておられるのである。その観察の結果は高度な暗黙知として、斎藤先生の頭脳と全身に結晶化されている。

臨床を手がけておられる医師の中にも、本当の科学者の方々がおられる。臨床の時間以外に医学の基礎研究をずっとなさってこられ、また、深い科学的素養をお持ちの方々である。そのような医学・神経科学の先生方と、斎藤先生がゆっくりとお話される機会をお作りして、斎藤先生の暗黙知（tacit knowledge）を誰の目にも見えるような形式知(explicit knowledge)として再構築できないだろうかというのが私の夢である。そのために、文部科学省所管の財団法人生存科学研究所の研究活動の一環として、特に優れた先見性と洞察力を備えた先生方とご一緒に、何回かの公開研究会を開催させていただいた。今でも、その財団の理事と「脳・心と教育」研究会代表を務めてお手伝いを続けている。米国ハーバード大学で「神経発生学」の目覚しい研究をされた後、慶応義塾大学医学部の小児科教授となられた高橋孝雄先生、そして、「瀬川病」（Segawa disease：遺伝性進行性ジストニア）の発見者である瀬川小児神経学クリニック院長の瀬川昌也先生、さらに、「歩行と運動制御」の研究で世界的な国立生理学研究所名誉教授の森茂美先生、それに脳科学、特に光トポグラフィで赤ちゃんの発達・行動研究の最先端を行く東京大学教育学大学院准教授の多賀厳太郎先生などである。さらにピアジェ（Jean Piaget：1896~1980）の弟子で、ローマ教皇庁科学アカデミーのアントニオ・バトロー（Antonio Battro）先生や、脳科学の中心人物の一人である米国南カリフォルニア大学教授のアントニオ・ダマジオ（Antonio Damasio）先生が助けて下さっている。

進化を見据えて

ここで斎藤先生の暗黙知が脳科学の形式知と符合する可能性について私見を述べてみたい。まず、先生は生命の三十八億年の進化の歴史を常に頭においておられる。シカゴの科学技術博物館には、シカゴ大学が協力した解剖学の優れた展示がある。本物の人体の輪切りも有名であるが、受胎直後から生まれるまでの胎児の週齢を追った標本はたいへんに充実したものがある。許可を得て撮影し、胎児発達の細部変化を観察しているが、やはり進化の過程を一部なぞって誕生することは疑いの余地がない。しかし、なぜ、人間は進化の歴史をなぞって誕生するのかは、たいへん長い間の議論があった。それは、ヘッケル（Ernst Haeckel : 1834～1919）の「個体発生は系統発生を繰り返す」という仮説（反復説）から始まった。個体発生とは、例えば一人の人間が受胎から成人へと成長する過程を指す。また、系統発生とは、例えば魚類から両生類、爬虫類、哺乳類、そして人間へと進化してきた過程を指す。すなわち、ヘッケルが注目したのは、受胎して生まれる間に、極めて早い速度で進化の過程をなぞるのではないかと考えたのであった。これには激烈な論争があって、一時は俗説として批判されたりタブー視されたこともあった。進化生物学のスティーブン・グールド（Stephen Jay Gould）も『個体発生と系統発生』（"Ontogeny and Phylogeny"の邦訳書（工作舎）という邦訳六五〇頁の大作で詳細な議論を展開している。興味のある方にはグールドの著作も参照して戴きたいが、最近の分子生物学の進歩は、「反復説」に何らかの理由があることを少しずつ明らかにしているように感じる。遺伝子の機能が進化系統樹のなかで保存されたり、重要な部分は共通の組み立てキットのようになっていることがわかってきた。ホメオボックス（homeobox）遺伝子群と呼ばれるが、たとえば身体の場所を決める遺伝子群は、ハエからヒトまで共通性がある。そして、個体発生と系統発生の両者とも、時間軸に沿って全体から部分へと形態や機能を構築する過程であり、そこにはかなりの共通性があってしかるべきであろう。

この意味で、斎藤先生の深い経験に基づく深い暗黙知は、形式知としても少しずつ確実なものになりつつあると思われる。進化の過程の断片が、赤ちゃんや子どもの発達のいたるところに隠されていると同時に、環境要因、すなわち療育可能な範囲が、従来思い込まれていたよりも遥かに大きく広がり始めているのである。

親指の不思議

斎藤先生は、小児神経学の専門家も見逃すような一見些細にしか見えないようなところに、進化に基づいた重要な鍵を見出しておられた。例えば、手の親指と足の親指である。先生は経験から、それらが特別の意味をもっていることに、早くから気づかれていた。斎藤先生のご教示を端緒にして、種々の事柄を考えている折に、外国の人々と議論をすることも多い。物事が本質的であればあるほど、人間が長い年月にわたって使ってきた言葉にもその片鱗が表れることがある。日本語では親指から始まり、人差し指、中指、薬指、そして小指と呼ぶ。五本の指と呼ぶように、親指も指のうちである。英語で指は、finger であるが、一般に親指は finger には含まれない。英語を習い初めたころ、親指を fingers に含めてしまって、英国人に通じなかった経験をした。英米の人々にとって、手の親指は the thumb という特別の存在であって finger として扱わない。学術論文などで、五本の指を均等に意味したい際には、digit という言葉を使う。その場合は、the first digit が親指を指すことになる(五本の指を均等に使用する必要があるピアノ教授法は例外であって、the first finger から、the fifth finger まで均等に表現する)。

このように長い言葉の歴史のなかで、親指は特別の存在であった。人間になって初めて、他の指と対向する手の親指を上手に使って、「摘む」という器用な操作が可能になったのである。それにともなって脳も進化した。足の親指も英語では別の言い方をする。英語の finger とは手の指であって足の指には使わない。足の指は toe である。そして足の親指は the great toe あるいは the big toe となる。

親指への着目

斎藤先生はまず手の親指に注目された。生まれたばかりの赤ちゃんの手の親指は、人指し指から小指までの四本の指に握られて内側に入っている。ルネッサンス以降の嬰児（えいじ）を描いたものの多くは、親指がほかの指に握られて内側に描かれている。しかし、それより古い時代の絵には、親指が外側に出ているものが多い。写生、すなわち客観的な観察、という概念がまだ薄かったのであろう。さらに子どもという概念がほとんど無かったので、古い絵に出てくる子どもは大人をただ小さく描いたものが多い。身体は小さいけれども年寄りにしか見えない赤ちゃんが抱かれている絵にはぎょっとすることがある。「子ども」という概念が確立されたのは近代といわれている。

斎藤先生は、脳性麻痺のように脳の発達に異常があると、この親指はいつまでも内側に入ったままであることを見出された。逆に、この親指が外に出てくるような療育をすると、多くの機能が自然と発達を開始することも、深い経験を通じて見出されている。先生が全身に刺激を与えると不思議と、握り締めていた手が緩んで親指が外に出てくるのである。その状態になると赤ちゃんは気持ちよさそうにすやすやと眠るようになる。何かにひっかかって身動きが取れなかったのが、自由の身に開放されたように感じられるのである。

赤ちゃんの足の親指もとても特徴的である。赤ちゃんは無意識に足の親指を地面や床につけたがる。身体が柔らかいから、足の親指だけをきちんと床に押し付けることも多い。寝返りをするようになってからも、足の親指でしっかりと床を押し付けるのは健康な証拠である。また、「這い這い」(はいはい)についても、斎藤先生の方針は、足の親指でしっかりと床をつかむことを基本とされている。「這い這い」というのは、一般には何でもない動きのように思われていることも多いが、「這い這い」ができるのは人間だけである。「這い這い」は二足歩行が可能な脳の神経系と関係が深いと考えられる。人間に最も近い種であるチンパンジーやボノボでも「這い這い」はできない。一方、人間では脳に障害があると、「這い這い」はできないことがある。典型的なのは、自閉症、レット症候群などである。これらの疾病は、幼児期の睡眠・覚醒パターンにも異常が現れる。脳科学がまだそこまで進歩していないが、二足歩行の準備である「這い這い」と、睡眠、そして知能は関係する可能性が高いと思われる。斎藤先生は、脳科学の進歩より先に、深い経験からその事実に気付かれているように私は感じるのである。

登山家の田部井淳子氏が、ニューギニア島での登山の話をして下さったことがある。そこにはオセアニア大陸の最高峰のカルステンツ・ピラミッド（標高四八八四米）がある。この山を目指すには、沼地の倒木を踏み越えて歩き続けるのであるが、登山靴では滑ってしまって役に立たない。裸足（はだし）でも滑る。しかし、現地の人々は、泥水ですべすべの丸い木をしっかりと足の指で掴み込んで、沼の中を歩いて行く。登山家であるはずの自分の足指の退化を恥じて、それからは手袋のように足の指が分かれた靴下を履いて、自らの足指を常に鍛えたと伺った。人間の足指は靴を履くことによってすっかり退化してしまったのである。日本の足袋（たび）は、ご存知のように足の親指とそのほかの指とがきちんと分かれて処理されている。草鞋（わらじ）も草履（ぞうり）も然りである。沢や滝登りのような滑りやすいところで特別の技術を必要とする登攀（とうはん）には、今でも直足袋（ぢかたび）・脚絆（きゃはん）に草鞋が最高である。

剣においても、その奥義は足の裏にあるようだ。武道の神様を祀（まつ）った鹿島神宮近傍の道場で達人の方々の教えを請うたが、共通点は足の裏であった。剣は剣尖（けんせん、日本刀の切っ先）の速度と正確さで一瞬の勝負が決まる。剣尖が相手に最も近づくが、最も相手から遠いのが足先である。自分の重心を中心として、剣尖と対称の位置にある足指、特に親指が、大地をしっかりと捉えて剣尖の動きを決める。また、達人の足指はすべて大地あるいは床をしっかりと掴み込むのである。斎藤先生が保育した子どもたちの「這い這い」を見ていると、足指や足裏の反りは、剣の達人とも共通のものが感じられる。「高這い」に近い道場の雑巾掛（ぞうきんが）けが昔から尊ばれる所以でもあろう。

経験的事実の重さ

斎藤先生の療育を、間近で何度も拝見していて次のように感じた。例えば、脳性麻痺の場合に代表されるように、まず、リズムを伴った運動を与えている。脊髄が通っている脊骨を震わせくねらせる刺激である。時にはボイタ法（Voj-ta method）で用いられるような「ツボ」を押して、反射を呼び覚ます刺激を与えることもある。そして、何よりも赤ちゃんを気持ちのよい状況にさせること。その証として、すやすやとまどろむ状態をもたらすのである。さらに、視点が定まらないような赤ちゃんにも、目をあわせる力を引き出してゆく。正常な赤ちゃんであると、生まれてすぐにでもお母さんの目を見つめる所作をするが、愛育病院名誉院長の内藤寿七郎先生は、昔の素晴らしい言葉で「目交（まなかい）」

と呼び、これこそ親と子の心の絆で、最初でかつ最も大切な瞬間であると語っておられる。英語では gazing が正式で、eye-contact と呼ばれることもあるが、発達心理学でもその神経学的機序がますます注目されてくるようになった。そして、すでに述べたように、斎藤先生は、「目交（まなかい）」とともに、さらに「手の親指」と「足の親指」に注目する。他の指と対向して、「摘む動作」を可能にした手の親指は、進化の過程で人間が道具を駆使できるようになった原因であり、さらに、他の指とくらべて最後に発達する指である。最初、親指は他の指に握りこまれて生まれ、そして、早い時期にきちんと開放されて、握られた指は自由にならなければならない。足の親指もまた、人間が脳の大きさをさらに発達させたり、喉頭（こうとう）が伸張して豊かな言葉を使えるようになった二足歩行の根源でもある。

「這い這い」の時期に現れてくるような、自分が興味をもった目的の場所に移動する行動の原点になるのも足の親指である。寝返りのときにも、身体の柔らかな赤ちゃんは不思議と足の親指を、まず、最初に床に触れさせている。手の親指と、足の親指をしっかり使えるようになることは、知能の発達にも大きく関係する。これは斎藤先生の大発見ではないかと私は感じるのである。今までも多くの経験から、なんとなくこのことに気付いた方々はおられるかと思うが、斎藤先生は人間の進化の過程を見据えて、それを明確な原点に療育を行い、さらにはそこから得られた知見を、健常な（定型発達）の子どもたちにも広く適用したのであった。

人間の脳は生物進化の過程をそのまま宿している。発生から見ると、脳を初めとする神経系は、卵子の外側が分割増殖した部分（外胚葉）からできてくる。感覚器である目も同じであるが、私たちの皮膚もまた外胚葉由来である。例えば、ミミズは目がないが皮膚で光を感じている。人間でもまれに皮膚で光を感じられる人がいるように、進化の歴史は私たちに深く刻み込まれている。私たち人間の脳は、中心から大きく分けて、脳幹、古い皮質、新しい皮質から構成されている。脳幹は爬虫類の脳とそっくりである。哺乳類になって皮質が発達したが、特に新しい皮質の額の裏側の部分（前頭前野）は人間特有の部分であって、人間らしい判断や思考、倫理などはこの脳の一部に負うところが大きい。

赤ちゃんの脳の発達も、この進化の歴史を辿（たど）る可能性が高い。遺伝子の構造自体が進化による環境適応によって主要部の次に細部が形成され、この遺伝子を用いて一人の人間がつくられてゆくからである。また、必要なタンパク質をつくるために遺伝子を発現させて行く順番は、発現機構を獲得した順番、すなわち進化によって変化した順番に従うのは矛盾した考え方ではないと、私は考える。

斎藤先生の方法には、発達の重要な要素である「反射」「睡眠」「運動」「意志」が相互に深く連関し、また綺麗に統合されて、信じられないような結果が生み出されているように感じられてならない。そこには、脳幹から大脳基底部に存在するアセチルコリン系、セロトニン系、ノルアドレナリン系、ドパミン系を中心とした神経核（神経細胞体が集まった塊状組織）が互いに連携して発達し、大脳新皮質機能とも相互作用を引き起こす過程が、赤ちゃんの時期に見られるのである。

経験則と科学の俯瞰（ふかん）統合

斎藤先生が「リズム運動」と名付けられたように、リズムが生命の根元にかかわっていることは疑いの余地がない。卵子が受精する瞬間に生命が誕生を始めるが、受精の瞬間に卵子の表面に発生するゆっくりとした波動が、生命最初のリズムである。数秒周期でカルシウムの濃度が変化する。さらに、生命は進化の早い時期に時計遺伝子を宿したと考えられる。生命の基本的なリズムは地球の自転にともなう太陽の光の強弱、すなわち昼と夜のリズムである。この二十四時間のリズムを、ほぼ一日相当という意味で概日（がいじつ）リズム（circadian rhythm）と呼ぶ。概日リズムは、ほとんどの生物がもっているが、人間では一日より少し長い約二十五時間周期であると言われている。最近では、人間の体内時計の振動子（振り子）は脳の松果体にあり、遺伝子発現の制御によって時が刻まれることが分かってきた。睡眠・覚醒リズム（sleep/wake rhythm）は、松果体で作られる睡眠ホルモンのメラトニンと、覚醒状態を作る神経伝達物質のノルアドレナリンとセロトニンの関係で決まってくる。また、時刻の調整には、脳の視覚野で受ける光の量が大切である。また、睡眠・覚醒リズムは生後三〜四ヶ月の間に最初の重要な時期がある。そのあとの三〜四年も、その次の重要な時期となり、それぞれが臨界期（その期間でないと神経回路がうまく形成されないような時期）があることもわかりつつある。自閉症やレット症候群などの症例では、生後四ヶ月間にこの概日リズムが形成されない。瀬川昌也先生の最近の研究結果は国際的にも注目されている。

嬰児は、生まれてからしばらくの期間、ほとんどをすやすやと眠って過ごす日々を送る。お腹がすくとおっぱいを飲んで、また、すやすやと眠ることが多い。睡眠は一日の八割近くにも達するが、このときの眠りは大人のようにぐっすりと眠っているわけではない。脳波からも、大人のレム（REM：rapid eye movement）睡眠に近い眠りと考えられている。レム睡眠とは逆説睡眠とも呼ばれる浅い眠りで、無意識の眼球運動と時に夢を見ることで知られている。発達とともに生後三〜四ヶ月程度で、眠りの時間は夜と昼の一部に纏（まと）まってくる。概日リズムの獲得である。そして、脳波にゆっくりした周波数成分が増えてくる除波睡眠が現れてくる。しばらくはお昼寝が二回程度続くが、そのうちにお昼寝は午後の一回となり、その状態は三〜四歳まで続く。その後は大人の普通の睡眠のパターンへと入って行く。レム睡眠とは不思議な眠りで、なぜこのような睡眠が必須であるのかはまだ十分に解明されていない。記憶の整理であるという考えは現在有力である。レム睡眠の期間は自律神経も十分に制御されない状態が起こり、また、普段は無意識でも制御できる抗重力筋すら制御できない状態となる。したがってレム睡眠時は寝返りもうてない。夢にうなされて目を覚ましそうになっても、まだ、レム睡眠が残っていると、身体が全く動かせない金縛りの状態が経験されるのである。このように、「睡眠の発達」と「運動の発達」さらには「知能の発達」が相互にかかわりあう機序は、最新の脳科学でもまだ十分に解明されていない。

保育・教育の原点

斎藤先生は、鋭い観察と深い経験からこれらの全体関係を看破しておられる。自閉症やレット症候群の患児が睡眠・覚醒の概日リズムを獲得できないこと、そして同時にまた、脳の運動系に関わる「這い這い」ができないこと、さらには知能の遅滞が生じることを瀬川先生も研究されてきた。斎藤先生の保育の基本である足の親指を、しっかりと「意志」をもって蹴り出すことは、大きくなってからの「志（こころざし）」や「情熱」の強さにも関係する可能性が高い。これはドパミンと呼ばれる神経伝達物質を使う神経系にも深く関与し、「脳幹」・「古い皮質」と「新しい皮質」をつなぐ広汎な研究の必要性を示唆している。幼児期には、脳幹、そして古い皮質をしっかりと育むことが重要であることを繰り返し述べてきた。学校に入って、知育によっていくら高度な知識や技能をもったとしても、何かをやりたいと思う気持ち、志や情熱がなければ何も始まらない。知育は新しい皮質を鍛えることに相当するが、古い皮質にも関係するやる気を鍛えることがその前に必要である。斎藤公子先生は、脳科学の進歩に先立ち、この点を看破されたと私は考えている。そして、先生が療育に取り入れられた「反復説」の背景にある概念は、さらに新たな教育理論を創出する可能性を秘めていると私は考えている。例えば、数学教育である。自然に存在する数（自然数）から生まれた数学の概念は加減乗除から面積計算・天文学へと紀元前に発展し、やがて微積分学や複素関数論など近代の数学へと発展してきた。私たちが数学を学ぶとき、やはりこの歴史に沿って算数や幾何から始まって高度な数学へと進んでいる。やはり知らないうちにも歴史を「反復」して学んでいることになる。数学分野の発展を螺旋軸（らせんじく）で示し、例えば幾何学という軸で切り出してみると、そこには土地測量のための幾何から、アインシュタインが用いた微分幾何まで、幾何学全体の歴史が見えてくる。全ての教科をこうして見直すと、時間軸に沿った多重螺旋（たじゅうらせん）が浮かびあがる。今、ニューヨークのロス・スクール（Ross School: 幼稚園から高校までの一貫校）では、このような新たな教育体系を実践的に研究中である。斎藤先生のような志（こころざし）をもった理事長のカートニー・ロス（Courtney Ross）女史が精魂を込めている。ハーバード大学教授のカート・フィシャー（Kurt Fischer）先生やハワード・ガードナー（Haward Gardner）先生らとともに、私も諮問委員（Steering Board）の一人としてお手伝いしているが、斎藤先生の志はさらなる志へと必ず受け継がれて行くだろう。世界には、未来を信じて「林檎（りんご）の木」を植える人たちがいる。「たとえ世の終わりがこようとも私は林檎の木を植える」という詩があるように、いつの日か林檎がたわわに実ることを夢見て精魂を込めるのが志というものであろう。

最近、保育学専門の大学研究室から、斎藤公子先生ご自身やその保育を研究テーマにしたいというご相談も受けるようになった。国内外の多くの方々が斎藤保育の真髄を理解下さり、いつかその果実が子ども達のために、たわわに実ることを祈念しつつこの序文を終わりたいと思う。

第一章　子育て・親にできること

―斎藤公子への質問に答えて

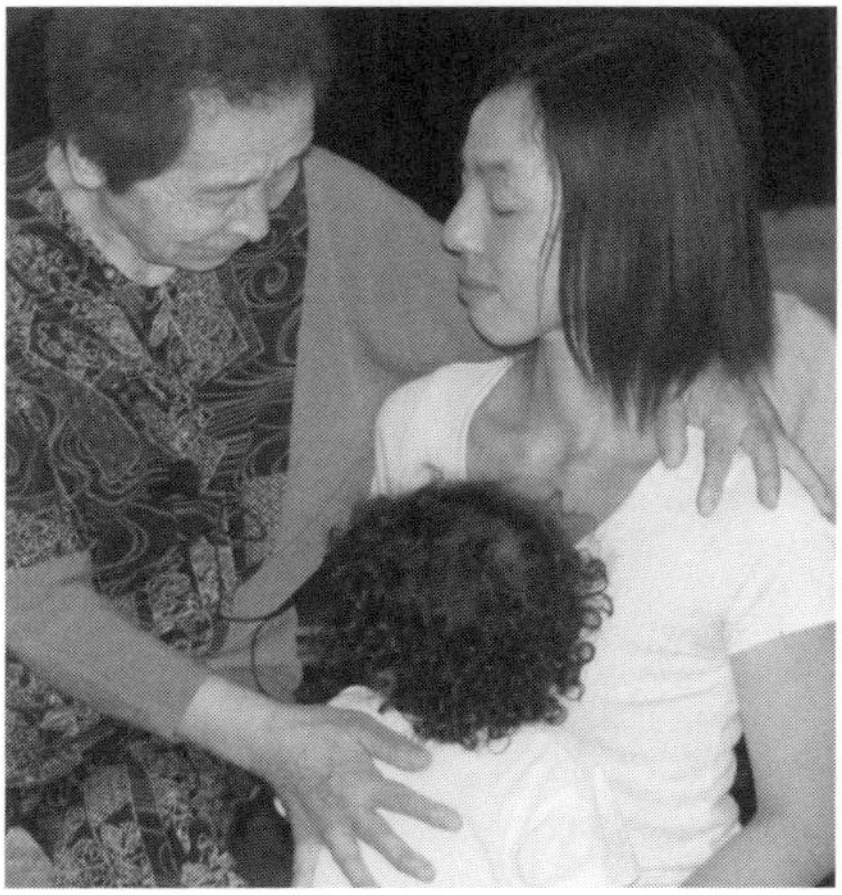

この章は、二〇〇七年五月に、沖縄県にある「こばと保育園」（城間清子園長）で行われた、斎藤公子による保育の実践指導と講座の記録を基に、著者が加筆訂正して構成したものです。

子どもごころをとらえて ― その1 〈おねしょ〉の問題から

〔斎藤公子〕ここ、沖縄の姉妹園、六カ園から私のところに質問書を送ってくれたので、全部読んできました。その中に「おねしょをする子にどう対処したらよいのでしょうか。」というのが幾つもありました。

夜のおねしょが心配で「さ、もう夜だからね、お水を控えておかないとね。」なんて言っているのじゃないかしら?

お子さんのおねしょのことで困っている方はちょっと手を上げてください。(挙手)

私の母が、おねしょの子どもを治した話をお聞かせします。それから私がね、大変重いおねしょの子どもさんを治した話をしましょう。

幼い頃、私の家は、子どもが五人と大人が二人の七人家族で、広い八畳の座敷に寝ていました。

ほんとは八人だったのですが、私が子どものころ、東京では大変な伝染病が流行っていて、次から次へと子どもが死んでいきました。私の下の妹も、その伝染病で亡くなってしまいました。それで家族は七人だったんです。どう布団を敷いたかというと、こっちが頭、あっちが頭で、足をちょうど真ん中であわせ布団が重なるようにして、一部屋に家族全員が一緒に寝る。そして、夜九時ともなるとパッと全部電気が消えてしまう。親も子も一緒に、真っ暗にして寝てしまう。

それで朝六時になるとパーッと縁側の戸が開いて、全員一緒に起きちゃう。夜九時以降起きているっていうことはできない。夜中の父・母の行動はわかりませんよ。われわれ子どもはみんな寝ちゃうから。

朝六時前、たとえば女学校の姉たちが勉強をしたいというときは、「五時に起こして」、とか「四時に起こして」と言ったらそれは起こしてくれる。でも夜は九時以降には絶対に誰も起きていてはならない。

まずは早寝早起き。そして、姉妹たちみんなにお掃除が割り当てられていたのです。私は雑巾がけでした。

普通の廊下だけじゃなくて、押入れの襖《ふすま》があるでしょ?そういうところを拭くっていうのもずーっと私の当番だったの。それにね、暮れぐらいはお休みにしてくれるかと思ったらそれもダメ。大晦日も当番なの。

私が小学校から女学校に行ったころのこと。私のすぐ下の妹が死にましたが、そのあとに男の子が生まれました。あとは全部女の子でした。私たちは最初東京で育ったのですが途中から父の仕事で宮城県の仙台に移りました。弟がちょうど小学校六年になるとき、朝日新聞社の作文募集があって、弟の作文が仙台の学校で一位になったのです。それで朝日新聞社の招待で旅行することになりました。だから弟は初めて他所へ泊まることになったのです。

弟が六年生っていうと私はもう女学校すぎて、女学校は当時四年制だったんです。それで女高師（女子高等師範学校）に入るのなんてイヤって思っていて、絵を描きたいと思っていたのでアトリエに通ったり、女学校でバスケットのキャプテンだったので、午後はバスケットのコーチとして学校へ通ったりして、気ままな卒業後の一年を過ごしていた時でした。母が、

「公子」

「なに？お母さん。」

「どうしようかねえ。」

「なにを？」

「弟の作文が一位になってね、旅行に行かなくちゃならなくなったのだよ。…それが、おねしょをするのだよ。」

小学校六年生ですよ、初めて知ったんですよ、一緒の部屋に寝ていながら。母はね、姉妹に気づかせないようにそっと処理していたんでしょうね。

「どうしようかね公子、断ろうかねえ、せっかく一位になったのにね…。」

母がすごく悩んでいたのです。弟がしばらくして、

「お母さん、僕の膀胱《ぼうこう》が痛いんだ。」

「じゃあお医者さんに行ってみよう。」

病院に連れて行ったらね、ぽろっと結石が出て、それでおねしょは治っちゃった。それから朝日新聞社の旅行に行って来られたのです。不思議なこともあるものだなぁと。

〈おねしょ〉を私が治した例

それからもう一人、私がおねしょを治した例をお話してみましょう。

私の住んでいる埼玉県の深谷というところは昔、私たちの保育園だけ年長まで保育しましたが、ほかの保育園は全部四才児までで、最後の一年は公立幼稚園に入れるのが普通だ

ったのです。

そこで一人のお父さんが、

「先生、うちの娘も年長になるから、幼稚園にやるよ。」

と言ってきたのです。私は、すごく悲しくなりました。

「大丈夫だよ先生、下の子をあんたの保育園にやるから。ほら、それで我慢しな。」

そして下の子どもさんが保育園に入ってきたんです。二つ違いだったかな。私は年長まで育てて、卒園して学校へ行くって言うのも涙が出るんですけど、ましてや、まだあと一年あるのによそに行っちゃうなんて、それはそれは悲しい気持ちになるんです。でも、お父さんはまるで、そんな私の気持ちなんてかまわないふうなんですね。

それで下の子が保育園に入ってきたから、私は家庭訪問することにしたのです。そしたら、なぜか外におしめがずーっと干してあるのですよ。上のお子さんはね、私が行ったら恥ずかしそうにしているのです。下の子はへっちゃら。

誰のおしめだろうって、私驚いて聞いたら、

「上の子のだよ!」

どうですか皆さん。年長のお子さんのおしめがズラーッと干してあるのですよ。

それで私はどうしてなのかねえ、自分でもなぜなんだろうと思うのだけど、突然滝のよ

うな涙がポロポロポロポローっとあふれてきて、泣いちゃったんです。

「先生、このくらいの歳になればね、おねしょすれば布団だって濡れるし、畳まで腐っちゃうんだよ。だからしょうがないんだよ！」っていわれました。

「お父さん、子どもさんの心と、布団や畳とどっちが大事なのですか？」って泣きながら訊いたのです。

そしたらしばらくして、「わかった。」と言ってくれたのです。

それ以来、おしめは止めたようです。どんなにおねしょをされても子どもの心のほうが大事だって、お父さん気がついてくれたのです。一週間後かな、十日過ぎてからかな、訊ねてみました。すると娘さんのおねしょは、すっかり治ってしまったということです。

親が、「子どもの心のほうがだいじ。」「布団や畳なんかはいくらでも取替えができる。」と気が付いてくれたんですね。「子どもの心は取替えができない。」と。

それと、こういう例がひとつあります。ある親が、子どもに対して
「今日よそからスイカもらったんだけど、夜は食べないでとっとこうね、明日の朝にしようね。」

と言ったので私はハッとしました。水分を控えさせようとしているのだな、と。そうい

うことを子どもはすぐ見抜いちゃう。夜寝る前でも水分はいくらでもと摂らせなくちゃ。「ちょっと水分控えておこうね。」と子どもの前で言う人、おねしょを心配して心の中で思う人…、そうすると子どもは敏感に感じちゃう。逆効果なんです。

この方、うちの保育園の職員で、娘さんは園児として通っていたんですけれど、「スイカいただいたけど、夜は控えようね。」って言った人の娘さんは、なぜか自分のお母さんが好きになれない。

その子が〇才から一才児クラスに上がってきた頃のことです。そのクラスは私の家に一番近いので、家から外に出るとすぐに一才の子に出会うの。その子がいつも私と出会うと、こう…、手を伸ばすんです。私に抱かれたいって言葉に出せないで、手を伸ばすの。私はとっても気に掛かっていたお子さんでした。

もっと率直に「サイトウ！」って飛びついてきてくれればいいのに、そーっと、私のほうに手を出す。こういうお子さんなので、私はいつも心の中で、「ああ、幸せじゃないんだ、家庭で幸せじゃないんだな…。」と思いました。やさしい顔で語りかけられることも、あまりないのじゃないか、と思って胸を痛めていたのです。

それからずっと経って、このあいだ職員のお子さんの結婚式があって、若者がいっぱい集まったんです。成人した彼女も結婚式に呼ばれて来ていました。久しぶりに私に会って、飛びついて来たいんですけど、その子は「先生！」って言って飛びついてこれない。なんとも懐かしい私のところに行きたいなあ、と、目でわかるんですけど、できない。そういう子どもさんに育っていてね。私はいつかこの子と会って抱きしめてやりたいな、と思っています。

おねしょのことでこれだけの私の話を聞いて、「わかった」と言う人あったら手を挙げていただきたいのですけど。（挙手）

えらいねえ、えらいねえ…。

「どんなふうにしても、子どものためなら、かまわない。」っていうことが大切。子どもさんってね、私たちが思っているよりも賢いですよ。自分が考えているより子どもって敏感で、賢い。子どもは親を見抜く。「大変だ」「どうしようかな」「水を控えさせようかな」なんていうのは、かえって子どものためにならない。

こういうのをちょっとでも考えたら、子どもって敏感に感じ取っちゃう。おねしょなんかいくらしてもいいんです。それよりも子どもの体に水分というのはとてもだいじ！

みなさんは、わかってるかな。乳児のときに病気なんかして物を食べないときでも、水を飲んでくれさえすれば大丈夫、っていうのをわかっていた人、手を挙げて。（挙手）えらいな、おお、えらいな。子どもには水分がなくちゃダメ。

もし生きていれば八十五才になる、私の妹が亡くなったのは、八十何年も前、東京に伝染病がはやった頃のことです。子どものことがよくわからないお医者さんだったんだろうと思うのですが、「水分は控えさせてください。」と言うのです。病気の子どもにね、水は飲ませないようにと。でも妹は水を欲しがってね、空《から》のスプーンをかじってまで水を欲しがっていたのに……。それで結局、その病気と水分不足がたたって亡くなってしまいました。

だから保育園でも、お子さんにちょっと熱が出たりなんかしたら、水分はたっぷり摂らせてやってくださいね。水分不足と言うのは子どもにはよくありません。

子どもごころをとらえて ― その2　トイレの〝しつけ〟

―どうでしょうか、おねしょのことでの答えは、これで十分ですか？

他に質問のある方がいたら、ちょっと手を挙げてみてください。

【親】三才になる子どもがいるんです。……あの、うながしたらおしっこは出るんですけど…。

【斎藤】うながすってどういうこと?…どういうことをうながすの?

【親】夜寝る前に、「トイレに行ってきて。」と言うと…、「イヤだ。」っていうんです。

【斎藤】あたりまえ!それはいい子!とてもいい子。うながすというのは大人のおろかさ。…大人のおろかさなのよ。

おねしょが心配だって言うことでしょう?でも子どもには強要しない。トイレに行ってらっしゃいとか、気をつけなさいとか…。子どもは何にも心配しないで寝かせてほしい。ちょっとでもおねしょを気にする親だったら、これはダメなんです。いくらでもしなさい、してかまわないんですよ、と。私はね、二十歳ぐらいまでしてたってかまわないと思うんです。

これ、私だけじゃないんです。"みんなの保育大学シリーズ"(築地書館)のなかで『内臓のはたらきと子どものこころ』を書かれた三木先生(故 三木成夫先生 元東京芸術大学教授・医学博士)って、著名な方なのですよ。亡くなられましたけどね。この先生の著書の中にもおねしょの記述があります。ご自分もおねしょをやってたと。亡くなってからもなお研究の真価を問われ、三木成夫先生を記念するシンポジウムが東京の大学で開催されています。

あとおねしょのことで心配な人どのくらいいる？ もういいの？ もう心配しないでおねしょやらせてくれる？（笑い）

「もう寝るんだからトイレ行ってきなさい。」とか、余分なこと言うんじゃないんだよ。ほんとにね、子どもってみなさんが考えている以上に敏感なんです。かしこい。すぐ推察する。

子どもごころをとらえて ― その3　オムツをとる時期

【親】あの、赤ちゃんのオムツをはずす時期について、目安はありますか？……三才までのことなのですけれど。

【斎藤】三才までのことを心配しているの？

【親】一才と三才の男の子がいまして……。

【斎藤】うちの保育園の子たちは、三～四ヶ月くらい、もう寝返りするかな？ 動き出すと（オムツを）すぐ外しちゃう。まったくパンツだけです。

それでね、いいですか？漏らすのは当然ですよ。「おしっこ」なんて言える歳じゃありませんから。だから畳でもいいし、ヒノキでもいい、サッと拭ける床にして、濡れたらすぐに水で絞ったきれいな布で、お尻を拭いてやる。

で、みなさん『子育て・織りなした錦』（かもがわ出版）っていうのに書きましたが、五分おきの頻尿っていう子どもを私があずかった話。五分おきですよ、五分おきにおしっこするのよ。政府は、乳児院の赤ちゃん九人に一人の保育者しか、あてがわなかったんです。九人の赤ちゃんにですよ。つまり、乳児院というのは親のいない子どもさんを二才まで預かる施設なのです。二才過ぎると保育園のほうにまわされてくる。

で、私たちのところにちょうど乳児院から二人の子どもさんが来ていて、五分おきの頻尿です。それでね、その女の子さんは、口もきかない、笑いもしない、という状態だったのです。


五分おきの頻尿のお子さんをあずかったこと、ある人いますか？

二才まで、ちょうど青ホウズキのようなお子さんだった。笑いもしない、口もきかない。ひとりは乳児院の前にお母さんが添え手紙をして捨ててあったお子さん。女の子です。

この子は添え手紙がありましたから、主任の保母さんが親を探し出しました。でも、そのずっとあとに養女に貰われました。

もう一人の子は、両国橋の上で引揚者が産み落としてお母さんは死んじゃって、あとでお父さんがやっと探してきたんですけど、築地の魚河岸で魚が死んだの捨ててあるでしょ。それを拾い集めて豚のえさに売って生活してるという大変な生活困窮者でね、その両国橋に捨ててあったのが雨の日だったんですね。それで「雨野保（あめのたもつ）」っていう名前がついたんです。本名も親もわからないときでしたから。

で、浅草で、やくざの親分が芸者さんをお嫁にしていたけれども、子どもが生まれないので一時、養子にしたいということでちょっと預けていたんです。ところがやくざ同士でケンカ出入りがあると、小さい子どもに害が及ぶといけないからといって、福祉事務所に返したお子さんなのです。その子がそこに二才までいた。

その子がね、「月が出た出たー、月が出た出たー」と、炭坑節しか唄わないお子さんだった。それが男の子なんだけど、誰が担任するかと言う時に、「私に担任させてください。」と言って、私はその子どもさんを担任することになった。私のいた東京の施設と言うのは、空襲で焼けた後にカナダの宣教師団が建ててくれた一階から四階まである大きなビルなんですね。周りはね、粗莚《あらむしろ》を敷いた上にお腰（腰巻のこと）だけしているお母さんが、ボロきれをより分けているっていうような貧しい生活。東京大空襲の後ですからね。みんな焼け出されて。そこで、これは綿であるとか毛であるとかスフ（粗悪な人造絹糸）であるとか、そういうボロきれが集まってくるのを、より分ける仕事をお母さんたちがしていた。

あと、その建物の二階が診療所。貧しい人たちを診察してくれるお医者さん。三階には戦災孤児たちが住んでいる。沖縄からフィリピンに出稼ぎに行ってた人たちの引き上げ孤児もいました。沖縄からの姉妹って、私とっても仲良くなりました。四階っていうのは職員の宿舎、学習室…。こういうのがあって、ぜんぶで四階建てなのね。一階と言うのは大きなホールと小部屋が両側にあったので保育室に使い、日曜は教会になる、というような施設だったのです。

私はそんな環境の中で「月が出た出たー」っていう男の子をあずかったのです。

五分おきですから、すぐおしっこしちゃう。それでパンツが濡れていますから、まず着替えのために三階の宿舎に連れてったのです。そこでは「しつけだから」と言ってね、すぐお尻をぽんぽんってたたいてからパンツを出す。それを見て私は、ああ、もうダメだ、三階には連れてこられない。子どもを〝しつけ〟だからといってお尻をたたくようなところには連れてこられない。それで事務所に行ってってね、「物資を分けてください。特にパンツを五十枚くらい。」と。そして子どもがすぐおしっこしますから、「いくらしてもいいのよ、お尻きれいに拭いてあげましょうね。」と言って、私がお尻を拭いてパンツを取り替える。五分おきだからまたすぐしますよ。意外と五分って長いですけどね。「ちゃあっ」としちゃう。

「何回しても大丈夫、取り替えてあげましょうね。」

と言ってまたお尻をきれいに拭いてやって取り替える。またすぐに出ますよ。

「何回でも大丈夫よ。取り替えてあげましょうね。」

と言ってお尻を拭いては新しいパンツを取り替えてあげて、これを根気よく繰り返したのです。

絵はね、クレヨンをあげてもだめ。ぽきっ、と折って、ポーンって投げてみんな捨てちゃう。それで私は文房具屋に行ってね、筆なら折れないから自分のお金で太い筆とポスターカラーを買ってきました。それを出してやると、ぐちゃぐちゃーって（描く）。「まあ、上手に書いたわね！ハイ、どうぞ」っていって新しい紙をだしてあげる。するとまた、ぐちゃぐちゃーって描くので、「上手にかけたわね、もっと？」って……。ざら紙《し》って大きいでしょ、それを四つに切ったものを欲しいだけ何枚でも机においてやる。またとりかえてやる。そしてまたぐちゃぐちゃーっと描く、またとりかえてやる……。それを平気で繰り返して、だんだんだんだん、枚数が少なくなっていったと思ったらある日、こう、丸を描いて…目を、…手を、今度は足を…描いて、それで「さいとうせんせい！」って言ってくれたの。このことは以前の本にちょっと書きましたけど。

私はうれしくてねぇ、それを持って戦後はじめての児童画の研究会に行ったのです。全国の幼小中の先生方が集まって、戦後初めての研究会ですよ。私はその子の絵を持っていった。そしたらその絵が全国一位になったんですよ、その子の絵が。

…そうして、しばらくたったらね、だんだん五分という間隔が長くなってくる。いくらでも、何回でもパンツは取り替える。ひとつも怒らないで。

「大丈夫よ、きれいにしてあげましょうね。」と言って。

五分おきが十分おきになって、十五分おきになって、だんだんそれが間遠になっていって…。

…それで、つい最近になって彼の近況がわかったんだけど、その子、牧師さんになっていたの。教会の牧師さんだというのがわかりましたので、約一年くらい前に会ってきました。いっしょに写真を撮りました。今、幼稚園の園長さんになっているって、東京でです。立派な牧師さんになって。…ああ、あの子がこんなに素敵になったんだっていうのがわかりました。…あのとき、いつの間にか、おしっこは間遠になっていったのです。『子育て・織りなした錦』という本の中に写真が入れてあったでしょう。あの中にかわいい子がいるじゃない、一番まえの列の真ん中に。（次頁写真1）

これみんな孤児たちですよ。…ほら、みんな来て観てごらん、真ん中にいるかわいい子。いちばんかわいいよ。

それでお父さんが、やっと探し当ててきた。お母さんは死んじゃったんだけれども。築地の魚河岸で魚を拾って豚屋に売って暮らしていたお父さんが、その時お兄さんを連れてきたんです。（写真の）その右の女の子の隣がお兄さんです。お兄ちゃんも一緒に預かりましょうということになって兄弟二人そろって預かっていたんです。

かわいいでしょう?見て、ね、本当にかわいいよね。

五分おきの頻尿の子どもさんでも、今では立派な牧師さんで幼稚園の園長さんになっています。

だからもう、おねしょのことはいいですよね?

［写真 1］幸せに育った私の東京時代の孤児たち

「早期英才教育」と「おもちゃ」について

［斎藤］早期英才教育について答えてくれって、なに？この沖縄も早期英才教育なんていうのが入ってきてるの？

［こばと保育園園長・城間清子］あの、今回の講座の準備をするとき、お父さんお母さんに集まっていただいて話し合ったのです。そのときにうちの園の親たちは、早期英才教育をやっているつもりはないみたいなんですけれども…親から聞いていちばんびっくりしたのはですね、算数とか、ひらがなとか英語とか、そういう早期教育の教材が各家庭に侵入しているらしいんです。…何気なく入ってきていて、それが悪いとはほとんど誰も思っていない、というところに私の心配があるのですけれど。（写真２）

［斎藤］いつの間に、そんな変なものが入ってくるの？

［城間］はい。子どもが生まれたら、メーカー側の作ったチラシやパンフレットが各家庭に配られているみたいなんです。それが教育だと思っているのか、子どもの発達に必要だと思っているのか…。

［斎藤］商売でやっているだけなんですよ。子どもに悪影響があろうがなんだろうが、ね？そういう商売では、いけませんよね。

[写真 2] はんらんする早期教育の教材

その時に賢い人が、これは毒か、毒でないか、ということを見分けなくちゃならない。「見るのも嫌」っていう感覚「ああ、気持ち悪い！」っていう感覚が養われている人だったら、いい教育ができる。いい保育ができる。でもすぐ、「あ、面白そうだな。」なんて飛びついている人はね、いけませんよ。

[斎藤] これはね、親の育ちに問題があるかもしれない。こういう毒の中に浸りながら育った人と…、両親のセンスがとてもよくて、こういう幼いときに、けばけばしいもの、毒性のあるものは、おもちゃとして買い与えなかった、〝自然のもので遊ばせた〟と、そういう人ならいい。それがね、こんなクドクドとしたおもちゃを買ってやったり、プラスチックのおもちゃを、

ごちゃごちゃ、ごちゃごちゃごちゃと並べたてて、こんなもの（写真３）を与えて室内で遊ばせるって、テレビによくそういうのが映っていますよ。実に情けない。子どもの将来のことに考えも及ばずに、実に情けないなぁ、って思いますけれど。

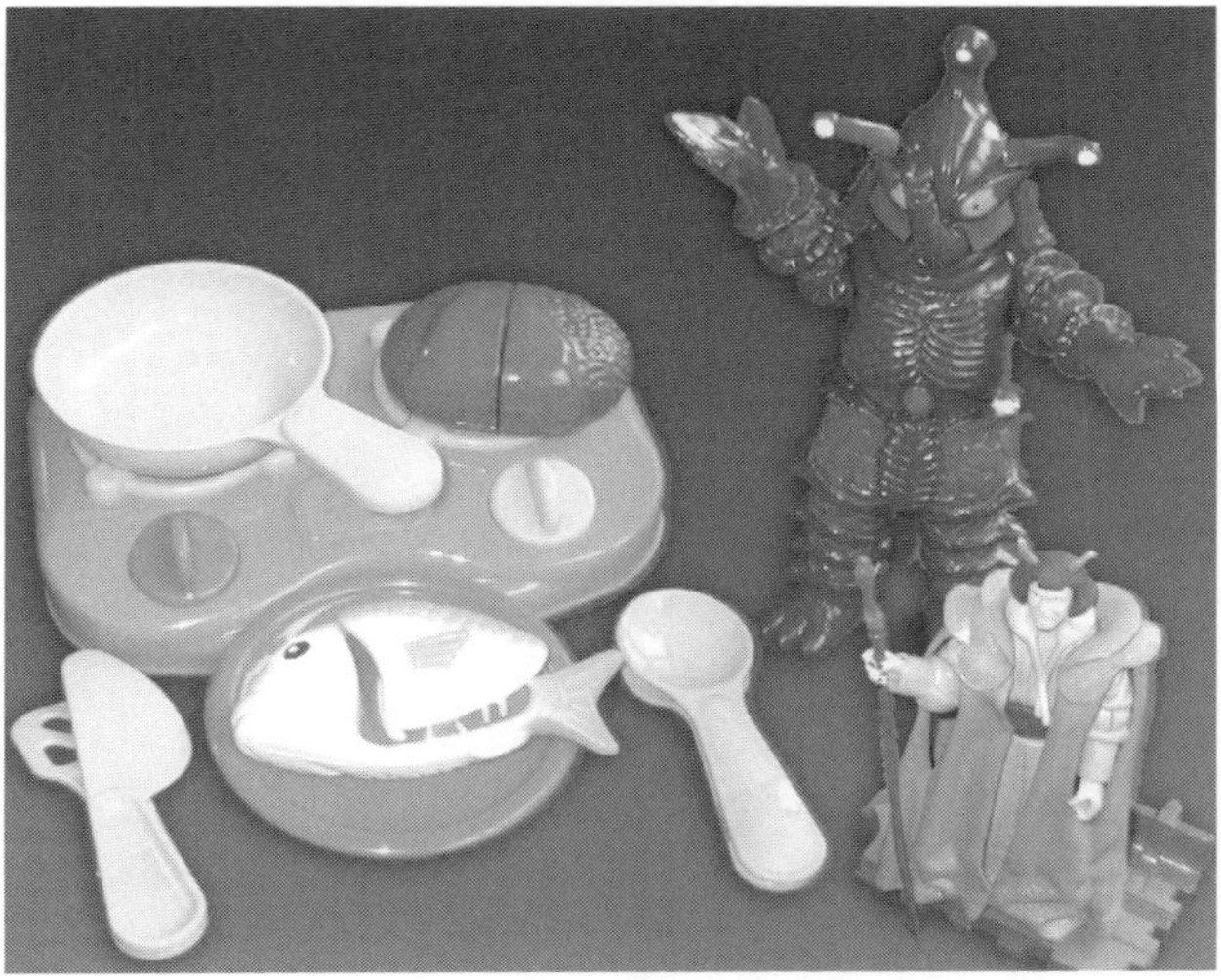

［写真 3］ おもちゃは巷（ちまた）にあふれているが

小さい子どものときに、ごく自然のもの、自然の草木、自然の小石、自然の貝殻、自然の花、そういう中で育った子どもは幸せだけれど、原色の、プラスチックの、毒々しいものを与えられて、大人も子どもも感覚がどんどん麻痺していって、…こういうの、不幸だと思わないの？

（プラスチックのおもちゃが出る）

…ああ、見るのも嫌だね。ああ、見るのも嫌。（笑い）

皆さんはこういうの見ても平気？どれ

ちょっと、みなさん平気って思う人…おお気持ち悪い。（笑い）
…こういうものが平気だって言う人、いたら手を挙げて。
平気だって言う人は、子どもにおわびしなさいよ、子どもの将来のこと考えてね。
はい、すぐ片付けて。

私たちの保育園の庭には、こういう自然の草木があります。子どもたちは、この自然の中で遊んでいる。〝さくら・さくらんぼ〟の保育園の中には、あんな気持ち悪いものはひとつもない、ひとつもないんです。（次頁参照）

みなさん自身に「気持ち悪いな」という感覚がないと、子どもに平気で買って与えてしまうかもしれない。だけれど、私が「気持ち悪い」っていう感覚を持ったのは、なぜかなぁ…。

私が幼年期のころ、父母はどういうふうにして私を育てたかということを書いておきましたから（本書第三章）、今はしゃべりませんよ。それを読むまで我慢してください。（笑い）

今度の本（本書）に、脳の研究ですばらしい小泉英明先生という方が、序文を書いてく

沖縄　姉妹園の保育環境

ださいました。この方はノーベル賞をとったキュリー夫人という人の伝記に詳しい方なんです。このキュリー夫人の娘さんもノーベル賞をとっている。親子でノーベル賞を受賞しているという人は珍しいでしょう？小泉先生が教えてくれたのですけれど、この人も「学校に行かなくてもいいよ。」って言われて育った人なんです。

「勉強しろ」ってひとっつも言われなかったの。

皆さんはちょっと年とった人なら覚えているかもしれないけれど、勉強を猛烈にする子どもさん、韓国の子どもさんなんだけれど、新聞や週刊誌に大きく取り上げられました。幼年期から勉強が抜群で、小学校ぐらいの時に大学に入ってしまった。それでとっても有名になってしまったのです。

ところが以前、私の保育園に、韓国から見学者が来たのです。そこで、「あの韓国の子どもさん、まだ小学校の時代に大学へ入っちゃったっていうんで大きく報道された秀才のお子さんは、いまどうしていますか？」と聞いたわけ。そうしたら見学に来た方は、「あ、だめだめだめ。ただの人ただの人！」と言いました。

不思議ですね。皆さんそういう子どもを育てたいの？それとも「勉強しなくていいよ、遊んでいいよ。」って言ってても、あとで優秀になる子を育てたいの？

どう？皆さん、考えて。「勉強しないでいいよ。」って思い切り遊ばせてあげて。…なかなか「ウンそうしてみよう。」っていう顔には見えないねぇ。（笑い）
小さいとき、まだ土台ができないうちに、いくら勉強をさせてもだめ。人間の土台というものは、なんだろう。これはこの質問書の中にもありますけれども、「なんで斎藤先生は〝両生類のハイハイ〟なんかさせるんだろう。」って、「どうしてハイハイなんかを重視するんだろう。」って。そういう質問があるのよ。

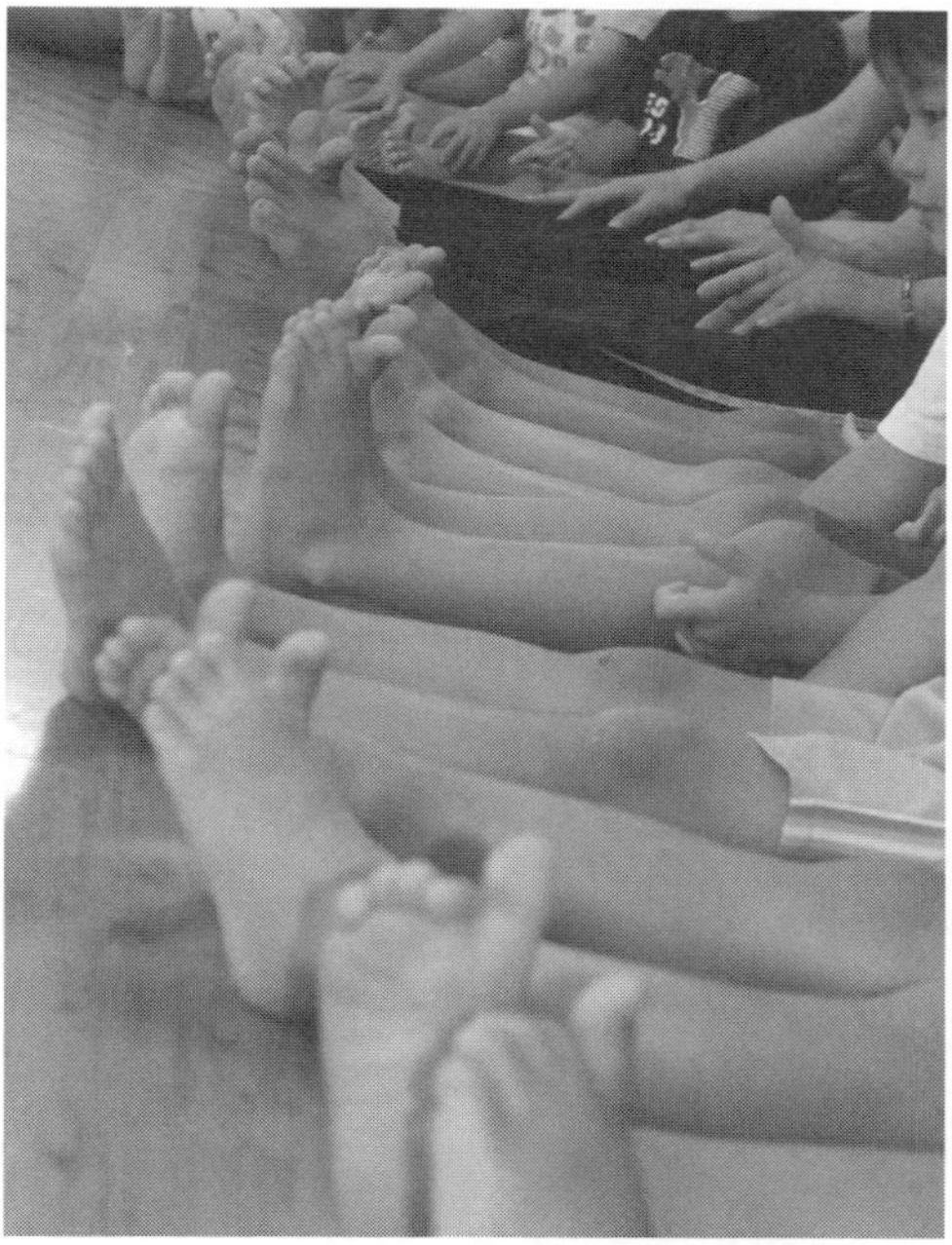
［写真４］この指の動きができますか？

昨日の基本のリズム運動をするときには、親御さんたちにも、両生類のハイハイ運動をしてもらいました。ちゃんと足の親指を立てて、ちゃんと蹴って、手をちゃんと伸ばして……、なぜ斎藤はこういうことを重視するのか。

いまから一千万年前に、足の親指がピッとこうなって、それで二足歩行になったのね。これがサルと人間の分かれ道。この動きが赤ちゃんにちゃんとあるのです。もし、この足の親指の反りがないとしたら、どこかに故障があるのです。みなさん足を延ばして、親指を立ててみてください。(写真4)

あがりますか? まっすぐ出した親指が、ピッとあがりますか?

あがらない人がいるでしょう? そこにほら。ほら、あなたですよ。…ああ、あがった。よかった、ああよかった。それからそこのお母さん、靴下を履いているのは何かわけがあるの? 靴下は脱いでくださいね。

赤ちゃんは、正常な感覚を持っていたら、靴下をはかせようとしたり、帽子をかぶせたりすると嫌がります。それは健康な子どもなんです。幼年期に靴下を履かせたり、靴なんか履せて育てていたら、もう健常な感覚には育たない。とくに紫外線が良くないとかなんとか言って帽子をかぶせて、顎《あご》のところをゴムで縛《しば》って、幼稚園でも保育園でも、こうして縛っている所があるじゃないの。あんなことをしていては頭のいい子は育たない。帽子をかぶせて首のところをこうやって縛るなんて…。私たちの姉妹園ではしていないでしょう?

紫外線が心配だったら、この保育園のように庭や園の周囲に木を植えればいい。こうやていっぱい植えておけば帽子なんてかぶせる必要はない。でも、都市部だったら当たり前なんでしょうかね、こういう帽子とゴムひもが。そうだとしたら本当に悲しいな、と思ってね…。

乳幼児の衣服について

［城間］洋服の選び方についてです。こういう服（次頁写真6）を着てくる子がいて、このキャラクターの絵のところがまるでゴムみたいでハイハイがやりにくいのです。初めて入園してきた子どもには結構こういうのが多いんですよね。

［斎藤］こういうふうにつながっている洋服（写真5）、赤ちゃんに上下つながっている洋服を着せてはいけませんよ。これが問題なのはね、ここ（服のすそ）から手を入れて中までさすってやれないからね。それにこれだと、自由がきかないでしょう。ここ（肩）も詰まって、こっち（股）も詰まっているでしょう。赤ちゃんはもう、ぐんぐんぐんと日に日に伸びているのに、これでは赤ちゃんの体を抑えて成長を止めてしまう。こういうふうにつながっている洋服というのは着せないでしょう?この保育園の親御さんは、赤ちゃんにね。

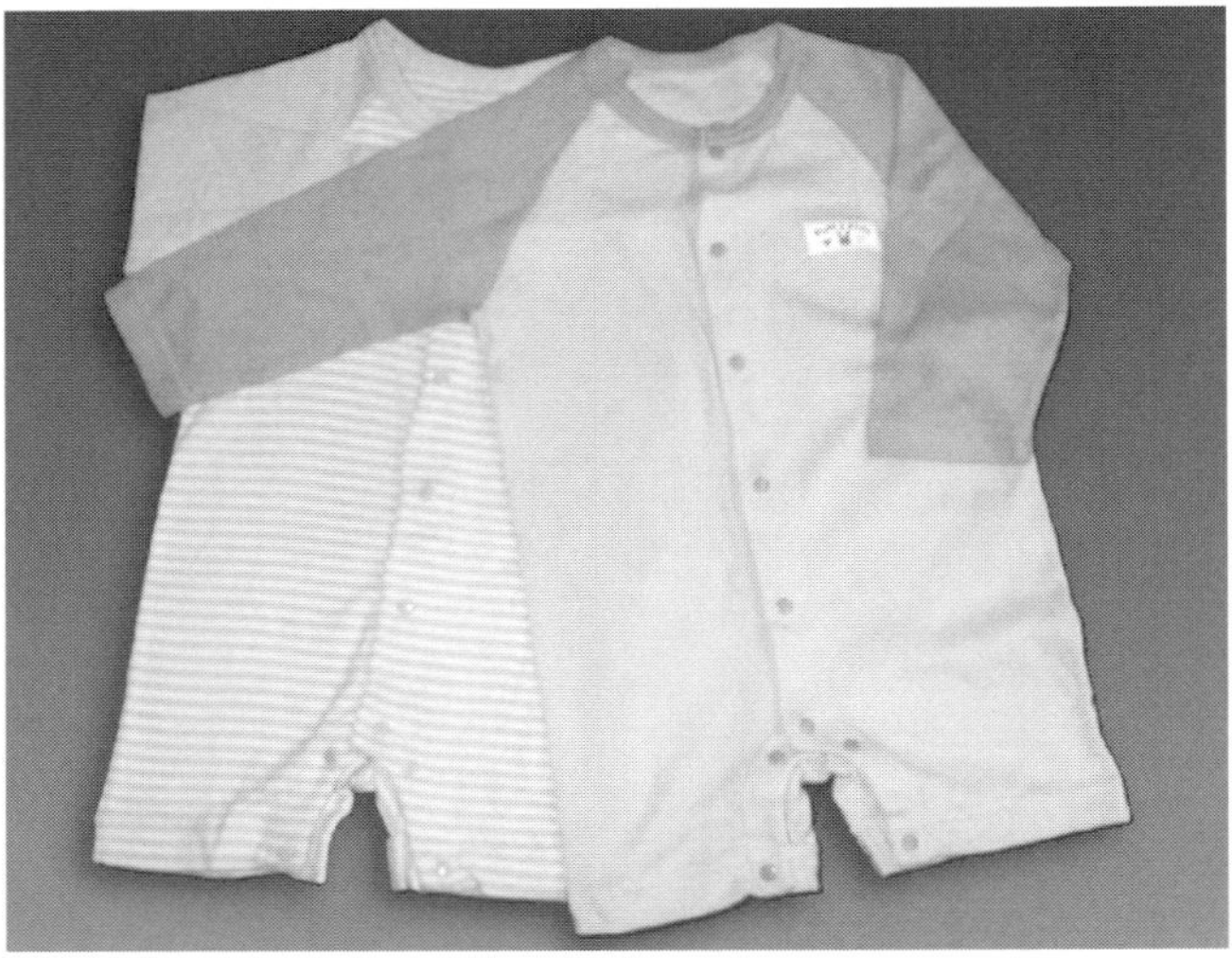

［写真 5］乳児用のツナギ服　自由な動きと成長の妨げに

［写真 6］幼児用のプリントシャツ　印刷部は汗を吸いにくい

【城間】わかりました。でもこうした事例（写真6）は本当にたくさんあります。何気なく着せていますね。

［斎藤］…あ、文字が書いてある？

［城間］文字だけではなくて、模様もそうですね。

［斎藤］うん……、こんなけばけばしいものを着せているんじゃ仕方ないね。何が子どもにとって必要で、何が余計なものなのか、親が学んで理解しないといけませんね。

子どもにとって必要なものとは何か ―早期教育の問題にからんで

―では、子どもにとって、「必要なもの」と「余計なもの」との違いとは、どんなことなんでしょうか。その辺をお聞かせ願えますか。

［斎藤］たとえば『自然・人間・保育』（あゆみ出版）という本の中にもちょっと書いてありますが、私は卒園期の直前にならないと、水彩絵の具は持たせない。それまでは黒のサインペンで描いてます。

そこで、ある負けず嫌いの保母さんがいてね、〝斎藤はいろんな仕事を持って忙しいから、それで卒園間際だけ水彩を持たせるんだ〟と思って、〝私は斎藤よりも素晴らしい絵を描かせたいから、四月から絵の具を買おう〝って。そして子どもたちに水彩絵の具で描かせるようにしたわけです。そうしたら子どもたちが絵をほとんど描かなくなった。そしてこう、…この絵、ほらこういう絵。これが十一月の職員会議の時の絵です。（写真7）こういう絵が十一月の絵。ね？これね。それからこれも（写真8）。十一月の職員会議に、「先生見てください」って並べるでしょう。そういうときにこの絵を並べたわけ。それで私がね、「ああ！今年は公開卒園式はやめようかな」ってつぶやいた。

するとそのとてもすぐれた先生なのですが、この絵を描かせた先生がですよ、トントンって、夜ね。私の家の玄関の戸をたたいて、

「斎藤先生」

「何？」

「どうしても公開卒園式をやるようにしたいんですけれども、どうしたらいいでしょうか。」

十一月です。あと十二月、一月、二月、三月しかないのですよ。それで私が、

「分かった。それじゃ二月の末にもう一度職員会議をやるから、それまで子どもに一切絵は描かせないようにしてちょうだいね。その代わり庭にすごい山を作ってほしい。」と。大量の土を買って、大きい山を作ったの。で、それを、二十人ぐらい子どもがいた

のですが

「一人に一つずつスコップを買って、その山の周りから穴を掘らせて、土山の真ん中で合流できるようにしてちょうだい。私がその二十通りの穴をくぐってみるから。」

［写真 7］　A子 年長11月時の絵

［写真 8］　B子 おなじく年長11月時の絵

と言いました。十一月の末から、十二月、一月、二月と三カ月の間、絵は一切禁止。部屋に入るのは雨の時と食事の時だけ。あとは山掘りをさせてちょうだい、と課題を与えた。さあそれでスコップを二十本買ってきて、山の周りからみんな穴掘りです。子どもは喜びましたよね。ところが親はさ、もうドロだらけでしょう、穴を掘っているんだから。子どもが家に帰ったら「犬小屋で寝な！」だって。ひどいねぇ、犬小屋で寝かせてやるっていうのですよ。「風呂が沸くまで入ってくるんじゃないよ！」こうやって親は怒っていたんです。「まあ、でも斎藤が言ったんだから仕方がない。」というわけ。先生も我慢してね。それで二月の末に穴がちょうど真ん中で合流したのです。それで私が二十通り入ってみました。続いて先生たちもみんな入ってみた。山の中にみんなが入れるようになって。よし合格！これから絵を描かせてごらん。三月から絵を！

そうしたらなんと、こんな絵になっていったの。ほら見て。なにひとつ描いてなかった子なの。それがこんな絵になった。三カ月かかって、この変わり方すばらしいでしょう！（写真9・10）

だからこの保母さんもさらに新しいことを学んだの。穴掘りっていう力仕事ですよね、こういうことの方がよっぽど子どものからだを育てる。頭を育てる。こころを育てる。

「はい、これで今回は卒園式をいたしましょう。」

そうやってこの子たちは公開の卒園式をすることができた。

［写真 9］　A子 3カ月の間　遊びきった後の絵

［写真 10］　B子　驚くほどの成長ぶりをみせた

いいですか、子どもというのは何か早く教えこんだりしてできるというものではない。土台というものができていなければ、その上に積み上げることは難しい。

授乳と抱っこ

[親] こばと保育園の親ですが、母乳について質問があります。行政などが主催する講演会などでは、「母乳を欲しがるだけ続けてあげていい。」というふうに言われているんですけれども、本当はいつまであげ続けた方がいいのかということを知りたいのです。

[斎藤] 親が授乳時間というのを、一時間とか一時間半とか保証されている職場というのは少ないんじゃない？私どもは職員が結婚をして子どもを産むと、授乳時間というのを保証しています。だからね、何時に授乳するとなったら、これから行きますといって、その職場を他の人に頼んで、それで授乳に来ます。ぱっと来て、すぐ駆け込まないで落ち着いてから、母乳を飲ませる。あなたはそういう職場に勤めているのかしら？

[親] 退職して出産したので、主婦です。

[斎藤] ああ、そうしたら授乳には来れるじゃない。自分のところにばかり抱え込んでいないで仲間の中でね。

[親] ということは、保育園に預けて授乳には来たほうがいいということですか？

[斎藤] そうそうそう。授乳には来たほうがいいの。母乳がいい。母乳がいい。

[城間] 「搾乳して、持ってきてもいいですか？」ということなのですが。

[斎藤] いいえ！抱っこして、ちゃんとここで飲ませる。

だから赤ちゃんの部屋には柔らかいソファをおいて、ちょっとお茶を飲んで、ほっとしてもらってから、赤ちゃんを抱っこして、ゆったりとした気持ちで授乳していただく。それで、「またお願いいたします。」といって帰っていただく。

それぐらいできるでしょう？

[親] では、母乳とスキンシップはなるべく必要ということですね。

[斎藤] そうそう、一才二～三カ月までは母乳をあげてもらいたい。

だけど私、ある集会に行ったら母乳主義というのがあって、六才になっても母乳を飲ませるというのがあるのを知ってびっくりしたことがあるんです。大きくなっても母乳を飲ませるというところもあるのよ、ばかばかしいけれど。だいたい一才二～三カ月で、だんだん普通食になってゆく。

【親】今、母乳は必要だということと、一才二〜三カ月まで与えた方がいいっていうことだったんですけれども、今度は抱き方について、縦抱きで母乳を与えた方がいいわけでしょうか。

【斎藤】私の所はゆったりしたソファで、こういうふうに足を揃えて横にすると、股関節がすぼみますから、赤ちゃんっていうのは…。

こう縦に抱くのが自然なのです。こう足をカエルのように開いて、ゆったりとこうやって抱いて。（次項参照）

【親】その抱き方がいいというのは本を読んだりしてわかっているんですけれども、赤ちゃんが成長して大きくなってその抱き方で授乳するのが苦しくなった場合……、

【斎藤】苦しくならない。一才二〜三カ月ぐらいでは苦しくなりません。

乳児の抱き方を考える ― スリングを例として

【城間】あの、スリングという道具が最近よく使われているんです。ご存知ですか？もう今は普通の帯（おんぶ紐《ひも》）を持ってる人はいませんよね。スリングを使って、こういうふうにやって、赤ちゃんは横抱きの人が多いですよね。…と、みんなこんな感じで歩

いてるんですよ。（写真11）

【斎藤】そんなことしたらいけません。横抱きなんかダメ。いいですか、赤ちゃんの足を、抱く人の腰の両脇に出るような形にして（かえるの足のように自然に開く形）。こういうふうに抱いたところに手を添えて、こうやって（写真12・13）。だから絶対、両足をそろえてはならない（両足を束ねるように、横抱きにそろえてはいけない、ということ。写真11）

［写真 11］スリングを用いた横抱きの例

［写真 12］スリングを用いた縦抱きの例

［城間］これで子どもを横抱きしている人は多くて、赤ちゃんの背中が丸く固まっている感じで、すごく堅いんですよ。スリングの影響かな、と思っているのですが。

［斎藤］いま、廃《すた》れてしまっているようだけれども、昔のおんぶ紐のほうがいい。赤ちゃんの足を自然に、こう、カエルの足みたいに開いたまま抱っこしたりするのがいいのよ。ちゃんと教えておあげなさい。（第二章参照）

［写真 13］筆者の抱き方
　抱くたびに子どもと目をあわせて微笑みかけることで、赤ちゃんの表情は、とても豊かになる。ところが横抱きを習慣としていると、斜視をはじめ、子どもの成長に偏（かたよ）りが出やすい。

テレビ・ゲームの害について

【親】テレビやゲームの害について、具体的なものとしては、遊び方が自分の世界の中に入り込んでしまっていて周囲の状況がわからなくなるとか、集中力が続かずに注意などが聞けなくなるといったことがあります。これらの害を抜いていくには、どんなふうにテレビやゲームとつきあっていけばいいのか…。

【斎藤】つきあわない方がいい。（笑い）

乳幼児にとって、テレビやゲームには、どんな付き合い方もありません。

あそこで撮影している穂盛文子さん（編集スタッフ）ね、近くに引っ越して来てまで子どもさんをうちの保育園に入れた方だけれども、子どもさんが小学校にあがるまでずーっと家にテレビを置かなかった。テレビは子どもには害があるから。

私の所でも朝七時過ぎから「おはよう」と飛び込んでくる子どもたちは、親がだいたい夜の六時ごろにお迎えに来ても見向きもしません。私が担任した卒園児たちも学校が終わると集まってくるので、私の自宅を開放して学童保育をやっていたのです。もう学校の教育は降り落とそうっていう感じでランドセルなんか投げ捨てて私の所に走ってくる。お母さんがよその所に勤めていると、六時にはもう迎えに来るんですよ。でも見向きもしない。

お迎えに来た親には「スーパーに買い物に行って、夕飯の仕度もしてきて下さい。」と言って、出直してもらっていました。子どもたちは六時になってからいっせいに掃除を始める。

六時半になったら、さようなら。そして家に帰ったら夕食をとって、おふろに入れて、八時には寝かせる。これが普通の習慣になっているのでテレビなんか見る暇は全然ない。みんなステキな子になっています。わかりました?

【親】こばと保育園の三才児の親ですが、お聞きしたいことがあります。先ほどのテレビの害なんですけれども、私もテレビは、どんな場面であろうと子どもの集中力が奪われてしまって、よくないと思います。子どもには見せたくありません。ただ、今の社会では、私がいくら家で見せないようにしていても、いとこのお兄ちゃんとゲームして、おじいちゃんおばあちゃんのおうちに行くと、もうテレビ漬けなんですね。

【斎藤】いつなの、それは。

【親】土曜、日曜日です。おじいちゃんおばあちゃんと過ごすのも大事なので連れて行くんです。家ではテレビを消すようにはしていても、そこではテレビがつけっ放しという、どうしてもそういう習慣があるんですね。

［斎藤］ はいストップ。

この（質問書の）なかに、おじいさん・おばあさんと意見が合わないというのは、何枚もありました。そこで私がやっていた方法をちょっとお教えします。園長さん集まってごらん。私がやった方法をやり遂げられるかどうか。

地域懇談会というのをやったの。「保育園に出てらっしゃい。」というのではなくて、おじいさん・おばあさんのおうちをお借りしてですね、その近所の親御さんたちにも集まってもらう…。担任の先生は自分の担任だけでいいのだけれども、園長は全クラスに出るんです。だから園長は生半可なことでは勤まらない。

そうしないとね、おじいさん・おばあさんに出てらっしゃいと言ったって、全部の方とはお会いできないでしょう。だから来られない方のおうちを借りて懇談会をする。そうするとほんの五～六人とか少人数なんですけれども、みんなで一緒に懇談できるのです。全クラスの地域懇談会に園長は出席します。それだけの努力を私はしてきました。

どう？ 園長さん、やってくださいますか？ ええっ？……なかなか返事ができないようだねぇ。（笑い）やってくださいね。それでこそ園長なんですよ。

私は保育園に住んでいるから朝いちばん早く「おはよう！」って子どもを迎える。そうしたらその後の若い園長たちは保育園を忘れるように、なるべく遠くに住むんだって。（笑い）電話かけると九時半前にはまだ来ていない……。これで園長給もらっているのかねぇと思いますけれど。私はいつも保育園に住んで、いちばん最初からいちばん最後まで子どもをみてきた。いちばん最後、何時ぐらいだと思いますか。夜九時ぐらいの日もあるのですよ。

時には、夫婦げんかして、なかなか子どもを迎えに来ない親がいて、私がずっと朝まで預かったこともありました。これが園長の仕事。でね、朝になってふたりとも、恐る恐るこうやって見にきましたよ。子どもはどうしているかなあ…って。私の所で子どもがニコニコ育っているものだから、「先生すいません。」って仲直りしたようです。

だけどそういう園長がいて、私たちの保育園があるのです。気楽にやって〝さくら・さくらんぼ〟ができたわけではありません。それから、みなさんたちも、園長給をもらうのだったら、ちゃんと園長の仕事をしてくださいよ。病気の時は仕方ありませんけど。

文字は学校に入ってから

［親］文字のことなんです。…これも親の問題だと思うのですが、ある親御さんのお子

さん…、年長さんの終わりぐらいのときでしたが、私の所にやってきて、木の枝で自分の名前をひらがなで書いて「すごいでしょう、書けるんだよ。」って言ったんですね。でもその後すぐ足で消して、「お母さんには言わないでよ、怒られるから。」って言ったんですよ。なんか私はちょっとびっくりしてしまって、ちょっと愕然としてしまって。

「お母さんにナイショ」なんていうことでいいんでしょうか。たぶん自慢したいんですよ。他のみんなに認めてもらいたい、ほめてもらいたい、と…。


【斎藤】親の賢さというのがね、子育てに出てくるものなのですよ。

「でも、字はいらないんだよ。」って、あんたも言ってやればいいのよ。まだいらないの。学校の先生が教えてくれるの。うちの保育園は文字なんかもう徹底して教えないからねぇ。学校の先生、板書っていいますか、黒板にチョークで書く字、お上手ですね。実にきれいな字をお書きになる。これはもう学校の先生の資格の一つに入っているのかもしれないけれど。学校に入ってから、字の書き順から、きちっと習った子どもと、あせって適当にいい加減にやっていた子どもとでは全然違います。だから「学校の先生がきちっと教えて下さるまで待てばいいのよ。」って言えばいいのです。自分で字を書いてみても黒板にはあんなに上手には書けません。それが学校の先生のすばらしさ。信頼して学校の先生に任せること。

【親】はい、わかりました。

子どもへの対応 ― かみつき・指しゃぶりがとまらない

―あおぞら第2保育園なんですけれども。けんかや噛みつきについてなんです。かみつきやひっかきを、なにか発散させるような遊びとか方法とかがあれば…

【斎藤】ああ、私もそれは治してきましたから、ちょっと具体例をお話ししましょう。前に出版した『子育て・織りなした錦』の中に、ある子どものことを書きました。この子どもさんは産休明けから来た子なんですが、この子どもさんが小さいときに、やはり同じクラスに噛みつく子どもがいました。そうしたらお父さんが迎えに来て怒ってねぇ、「大事な娘を噛ませた。」って。私はそういう傷は消えるってわかっていましたが、「そんなの消えますよ。」なんて言わないで「本当に申し訳ありません、おたくのお子さんを傷つけて。」と丁寧に謝りました。

そのあとは、噛みつく子どもを変えなければならないわけです。

そこで、噛みついたお子さんの家庭訪問をしてみると、遊んでやらなくちゃならない子どもだと思いましたから、私は追っかけっこなんかを一緒にやってずいぶんと遊んでやりました。そうするうちに自然にその子も噛みつきというのがなくなってきました。

それから、指しゃぶりや爪を噛むとか、そういうので困っているという子もありました。どうやって治したらいいんだろう、と。私の古い友人の子どもさんだったんですが、この子は親が忙しいもんだから、小さいとき〇才、一才、二才の途中まで九州のおばあちゃんに預けられていたんです。それでこの指なめをして、「ちゅっちゅっちゅっ」と、こういう癖がついてしまった。するとおばあさんがとても育てきれないというわけで、親が連れてきて私に預けて、今度は私が二十四時間保育するようになった。

そこで私は「指しゃぶりをやめなさい。」ということを一言も言わなかった。私のところに来てもね、ごろって横になって、「ちゅっちゅっちゅっ…」って。お母さんが、「やめなさい、やめなさい！」って言うものだから、その子が「大学に行ってもやってやる！」そう宣言したんです。私はそれを見てだまって知らんぷりしていた。ちょっとでも暇があると、「ちゅっちゅっちゅっ」…ってやるんですね。

さて卒園式が間もなく来るという頃になって「年長さん、いらっしゃい。」ってみんな呼んだ。「お友達とも、もうすぐお別れだけれども、小学校はみんな一緒じゃないからいろんな小学校に別れていくでしょう。みんな別れたときに心配だなぁと思う子いる?」「いる!」と他の子どもたちが。「あきら君!」「どういうことが心配なの?」「指なめる。小学校に行っても指なめるか、心配だ。」とみんな言ってくれた。「ほんとうにありがとう、みんな心配してくれているんだね。」さ、そうしたら、翌日からすっかり治っちゃった。友達が心配したからね。親には「大学行くまでなめてやる!」

でもピッタリ治っちゃった。お母さんが本当に不思議がっていましたよ。友達ってほんとにありがたいなと思っています。私は「本当にありがとう。」って言っただけ。「あきら君やめようね。」なんて言いませんよ、私は。その子の自主性に任せる。不思議なものですね。友達がみんな心配してくれるから自分でやめよう、って思ったのですね。自分でそう思わないとできないのですね。人から命令されてはね。

障害があってもなくても ― 褒めて育てる

[親] 最近、発達障害などがクローズアップされているのですが、その話を聞くたびに、

斎藤先生はすでにそのことに気づかれて、いろんな保育実践を生み出されてきた、と思うんです。私はこうした保育の中の遊びとかリズムとか、絵とか、そういうことで改善されていくと思っています。例えば自閉症のお子さんだったら、音に過敏であったり、触刺激に鈍感だったり敏感だったりするお子さんもいると思います。そういうお子さんは常に不安な状態の中にいるのかなと思うんですけれども、そういう子どもたちに対して、日々の声かけとか気遣いというか、そういうことを教えてください。

【斎藤】はい。ほめるだけ。

【親】あ、ありがとうございました。（笑い）

【斎藤】「いい子ねぇ。本当にいい子！」ってほめるだけ。

例えばね、三才ぐらいの子どもが、お母さんと来ると、私が「おはよう」って言うと「ばーか」「チンドンヤ」「でべそー」こんなふうに三才の子どもたちは言いますから。「あ、あ、おりこうねぇ。」って。

お母さんは、「だめですよ！斎藤先生に…。」と言うんですけれども、こういうことを言うお子さんはとってもすばらしいの。年長になったら素敵な子になりますから。

二才半から三才ごろ、「ばーか」「チンドンヤ」「でべそー」って言わない子どもは将来ロクな人間になりません。もう本当にね、第一次反抗期なんですね。こういうとき私はうれしくなって、「あぁ、素晴らしいねぇ。」「いい子ねえ。」っていつもほめるだけ。お母さんはうんと恐縮しますよ。

年長になると、そんなの言ったことも忘れちゃう。すばらしい子どもになっちゃう。だからテレビのニュースなんかで、三才ぐらいの子どもがお父さんに殺されたとかですね、そういうのを聞くと胸が痛みますよ。子どものことを知らないでね。子どもは必ず反対のことを言う。ここにほら中嶋正夫さん、ね、古い理事さんがいらしてくださっているでしょう。中嶋さん覚えているかなぁ。以前中嶋さんはね、ご自分のお子さんに「起きなさい。」って言わないでね、「寝てていいんだよ。」って言ってたんです。すると子どもは「起きる！」「全部食べなくていいんだよ。」って言うと「食べる！」（笑い）

そういうのをうまく使うとね、怒る必要はない。だから子どもは素敵だなといつも思っている。

素敵な文化に触れさせたい ―どのような図書を選ぶのか

【親】 斎藤先生が書かれた本の中には、幼いころからお母さんに良い本をいっぱい読んでいただいたこととか、いろいろなお話をしてもらったこと、それから小学校時代にも児童文学を夢中になって読みあさっていたことなどが書かれていました。

私は今、こばと保育園の年長と学童に子どもを通わせていて、保育園時代までは斎藤先生の出版されている絵本シリーズとか、保育園に薦めてもらっている絵本とかを読み聞かせすることもできるんです。でも、子どもが小学校に入ると図書館から自分で本を借りては来るものの、今は昔と違って情報があふれている時代で、ちょっと漫画っぽいモノとか、あまり好ましくないものとかを借りてくるんです。

それで、折角この保育園で良い本に触れさせてもらっているわけですから、それをつなげていきたいんです。でも学校の図書館では冊数だけ借りればいいという傾向にあって、子どもが自分で優れた文学作品を選ぶ力をつける方法とか、斎藤先生が本が大好きになった理由に、お母さんの影響が大きかったということがありました。親ができるような、子どもを本好きにさせるための環境づくりなんかを教えていただきたいなと思います。

[斎藤] はい。ですが、母だけではありません。私はこの本に、父のことも書きました。

（本書第三章）

父は、児童文庫というのを買ってくれたのです。日本児童文庫アルスというのを読んだことがある人、ちょっと手をあげてみてください。…意外といないんだなぁ。

日本児童文庫アルスというのはとても素晴らしい本でした。三十巻以上あったかな…。このとき（大正デモクラシー時期）、たとえば少年倶楽部《くらぶ》とか、安っぽい本も出ているんですけれども、やっぱり質のいいものを買ってくれたことは、ありがたいと思っています。また、父は美術工芸指導所に勤めていましたから、素晴らしい蔵書に触れることができたのも、影響が大きかったのです。だから、子どものため、ということだけではなくて、まず、親みずからが真剣に良い文化を求める、っていうのがないといけないんですよ。

私は以前から、卒園期の子どもたちに『スーホの白い馬』とか『チポリーノの冒険』『西遊記』〝ドリトル先生のシリーズ〟なんかを読み聞かせしてきました。斎藤隆介さんの『花咲き山』『八郎』なんかも、とてもいい絵本ですよね。それから、私は子どもたちのために、いろんなよい物語を選んで、絵本にしてきました。みなさんご存知ですよね？

『サルタン王ものがたり』（青木書店・プーシキン民話）　『錦の中の仙女』（青木書店）
『黄金のかもしか』（青木書店）　『森は生きている』（青木書店）
『金のにわとり』（創風社）　『青がえるの騎手』（創風社）
『わらしべ王子』（創風社）　『つばめがはこんだ南のたね』（創風社）
『森のなかの三人の小人』（創風社・グリム童話）　『泥沼の王の娘』（創風社・アンデ

沖縄「こばと保育園」での講座の一場面

ルセン童話）（グラビア参照）

でもね、ここの保育でお子さんが育って、六才までの土台ができているのだから、もう心配する必要はないの。いいもの、いい文化って言うのは、大人が真剣に求めてさえいれば、ちゃんと子どもは知っている。今度は自分で勝手に求めていくようになるから、学校に行った後のことなんか心配しなくていいのよ。

第二章　子どもの可能性は果てしない

リズム運動と絵にみる子どもの可能性 ―子どもの足の親指に注目を

つい先だって、四月の初めのことである。

ある熱心なおばあさんからの依頼に負けて、十八才になる重度の脳性麻痺のお孫さん（Mちゃん）を、乳幼児専門の保育者である私が、三日間、保育をすることになった。

このおばあさんの他にお父さんとお母さんも一緒に、深谷駅のすぐ横にできたホテルを予約してもらった。学童保育の子どものお母さんが、ご自宅でたいへんハイカラな食堂を私の家の近くで経営しており、昼食はそこでいただいた。

私の家は広い部屋はあるが、大勢の方が集まって研究会ができるように大きなテーブルを並べ、その周りにソファがいくつも置かれ、あとの部屋の半分は私の今までの著作や関連するビデオやＤＶＤなどが並べられ、やっと人が通れるだけでリズム運動をさせる場所が無い。

とりあえず、すぐとなりの学童保育所のホールを借りる約束はとっておいたが、四月の初めの休みのときで、新しい一年生がもう大勢来ているのでそこを避けることにした。

そこで私の家の比較的長く、しかも幅が広い廊下をきれいに拭いて、そこをリズム運動の場所にする準備をしておいた。

最初の日は、東京の家からお父さんが車を運転して近くの関越道のインターまで来てくれるというので、私の助手で三十代半ばの青年がそこまで迎えに行き、やっと私の家に来られたのであった。

その十八才になる障害をもった娘さんは、二年間ドーマン法をやられていたとか。お母さんに抱えられるようにして、ようやく歩いて玄関までたどり着いたが、靴は脱がせてもらい、私の家に入った。

若干お話を伺ってから、リズム運動を試みようと思い、厚い上着と靴下を脱いでもらうことにしたところ、自分ではできず、お母さんに手伝ってもらってやっとできた。

さて、運動である。これはお父さん、お母さん、おばあさんにも覚えていただくために、みんなが一人ずつ、するのである。

一番先は私の助手である青年が一人、介助なしで〝金魚運動〟をして見せ、次はお父さん、お母さん、おばあさん、みな一人ずつ、今度はその青年も含め介助人を一人に三人つけてやることにした。

一人は座って、寝ている人の足を膝の上にそろえて載せ、そこに軽く両手を添え、ひとりは反対側に座り、寝た人の両手をやさしく撫でて、すーっと伸びるようにしてやり、ひとりは寝ている人の真ん中にゆき、おなかの両側に手を当てて、私が歌う〝金魚のひるね〟の歌にあわせて左右に背骨を揺さぶってあげるのだ。お父さん、おばあさん、お母さんとやってもらった人は順に、「とても気持ちがいい」と喜んでくれた。

最後はMちゃんの番である。Mちゃんは、「あああっ」と喜びの声を挙げ、廊下の中央に仰向けに寝て、お父さん、お母さん、おばあさんの介助をそれぞれの場所で受けて、実にうれしそうに笑った。

今度は寝返りの運動である。

これからのリズム運動はこの章に写真つきで詳しく載せてあるので、参考にしてほしい。ただし、健常の人には介助者は一人で足りるが、Mちゃんのような人には２～３人の介助者が必要である。

この際、このリズム運動は下半身から先に行うこと。また、足の先の親指がうつ伏せのときは、必ず床についていることを介助者は確認することである。

最後は、両生類のハイハイ運動である。

これも、特に注意することは、足の親指で床を蹴って前進することで、この際、手には力を入れず、自然に前に伸びるように介助者の手を、やる人の掌の下に入れてやり、力が入っていないことを確認することである。

この両生類のハイハイ運動で長い廊下を往復し、午前中はそれで終わりにして、車で予約しておいた食堂に移動した。

おいしい食事を用意していただいたので、みなさんは心から喜んでくださった。

午後は私の家に帰り、ちょっとソファでお昼寝をしてから、もう一度、午前中と同じリズム運動をし、夕方、みんなはホテルに帰って行った。

二日目も同じく午前・午後と繰り返し、Mちゃんはもとより、大人もすべて同じリズム運動をした。

三日目、最後の日である。

今まで見ていると、お母さんが介助の手を急ぎすぎるので、ピアノを弾く方《かた》と伺っていたので、リズムにも強弱があることを伝え、四拍子の歌に合わせるので「強・弱・弱・弱」と手を叩いて、「強」のところで足指の蹴りを出し、あとは「弱・弱・弱」と力を抜いて伸ばすことなど、リズムに合わせて介助することを練習させた。

いよいよ、最後のリズム運動である。

「強」のところで足指で床をけり、「弱・弱・弱」で、すーっと休む、という快いリズムあそびをし始めた。すると、Mちゃんが、それまではつぼまったような足指であったのに、その足の親指を、キッ、と上にあげるようになったのである。

その、足の親指を挙げる行動は、「いまから約一千万年前にサルから人間への分岐点となった進化の特徴である」と、ある学者は言っている。サルの、物をつかんだり、ぶら下がったりする手の指の形から、指をあげてこの指で地を蹴り、歩くヒトの足の親指に進化したということである。

Mちゃんは、いままでサルのように足指を曲げていたのに、いまでは〝人間なのだ〟と、私たちに得意になって自分の足の親指を上にあげて見せてくれた。

お母さんに聞くと、十八年間で初めての出来事だという。

そして最後に私の家を出るときは、自分で靴下を履き、面倒な運動靴も自分ではいて、いかにも誇らしげに歩いて車に乗ったのである。

後日届いたお母さんの声である。

「Mは十八年間生きてきて、生まれて初めて、自分をほんとうに信頼してくれる大人に出会えたんです。斎藤先生を見つめる瞳はキラキラ輝いていました。その笑顔を見て、私には娘の心からの喜びがわかりました。」

私はいままでの幼稚園教育で行われてきていた〝お遊戯〟に疑問を持ち、独自に生物の進化の道筋をなぞらえる〝リズムあそび〟を考えだしてきて、それに見合う曲をつけて本にした。『さくら・さくらんぼのリズムとうた』（群羊社）という本である。

この本はいまだに増刷されており、全国の保育者の賢さがわかって、とてもうれしいことである。

生物の進化には一千万年もの長い年月を要したのに、いったん進化して獲得した器官の変化とその働きは、Mちゃんのように麻痺《まひ》などで消滅したように見えても、学習によって短い間に取り戻せることがわかり、私の喜びは実に大きかった。

どの子も育つ

日本は、第二次世界大戦での敗戦後二年目に、初めて「児童福祉法」が制定され、公費負担の認可保育園が誕生した。私はその時、東京下町の空襲の焼け跡に建てられたある保育園で保母としての第一歩を踏み出した。その建物の中には養護施設もあり、引き揚げ孤児や戦後の生活苦からやむを得ず路上に捨てられた子どももいた。

そうした最悪の条件下で乳児期を過ごした子どもが、満二才まで「乳児院」で育ち、そのころよく言われた施設病（ホスピタリズム）という症状、つまり、言葉が出なかったり、表情に乏しかったり、脳の発達に遅れがあると指摘されたりした子どもたちだった。

そうした満二才過ぎの子どもを私は担任したが、半年もたたぬうちに愛らしく笑い、頻尿《ひんにょう》も治り、最初はクレヨンなどを折って投げ捨てたりなどしていたのに、ほほえましい人間の顔を描くようになった。

さて、埼玉県の深谷に来て、自ら保育所をつくってからは、親が育てられず夜もあずかって育てた子も何人かいたが、どんな子どもでも、入園を希望した子どもを断ったことがなかった。たとえ、重い障害があろうともである。

それから四十数年たって思うことは、〈なぜ子どもたちが、それぞれさまざまな障害を克服し、立派に社会人として仕事をし、結婚し、子どもを持つに至ったか〉ということである。

全盲、ろう児をはじめ重度脳性マヒ児、重度四肢奇形児、点頭てんかん児や染色体異常児をはじめ種々の障害児を育ててきた。その際、本当に私たちを信頼してくれた家庭で育った子どもは、不思議とその後、社会人として立派に仕事をする大人に育ったり、学校生活を楽しく送っている。

特に脳発達の可塑性《かそせい》が高いときに、私たちのところを探りあてて入園させてくれた子どもは、たとえ胎児の時からの障害があっても、「ヒトから人間へ」と必ず育ってくれる、ということを体験してきたのである。

胎児からの子育て ― 個体発生と系統発生

世界各国のさまざまな分野で輩出した優れた研究者のおかげで、一昔前まではわからなかったことが明らかになって、うれしいことが多々ある。そのひとつは、レナート・ニルソンの『生まれる』という写真集の内容である。ヒトの子が体内で、受胎直後からどのように日々変化し、発達してゆくのか、ひとつの細胞（受精卵）がやがて分割して多細胞となり、人間へと形成してゆくのかが、目で知ることができるようになったのである。

私は、以前から未熟児または先天異常児など、いろいろな障害を持つ子どもを観察するなかで、個体発生（子どもの発達）は、系統発生（生物の進化の過程）と関係があると感じていたが、（次頁図1参照）専門の学者の中には違う意見もあった。しかし、この本によって事実が分かってからは、あれこれの論争は必要ない。

女性の一個の卵子が、何億という男性の精子から一個を選び、受精卵となり、羊水、つまり太古の海のような胎内の水の中で、生まれるまで過ごすのである。

古生物学者・井尻正二氏の著書『新 人体の矛盾』（築地書館）によれば、その受精卵は直径十六センチから二十センチほど、厚さ二センチから三センチほどの、ちょうどホットケーキのような形をした、血のしたたるスポンジのような胎盤に、臍帯《さいたい》（へその緒）でつながっているという。

この胎盤は、胎児の腸、肺、腎臓などの働きを代行するだけでなく、さまざまなホルモンの分泌をも調節し、このおかげで胎児は約二八〇日をすごし、この間約四十億年の生命の進化・発展の系統発生を反復してヒトの子としてこの世に誕生し、産声をあげ、自らの力で初めての呼吸をするのだ。このドラマには、なんとも神秘的な感動があるではないか。

これほど重要な、母体と赤ちゃんをつないでいる胎盤が、体内の赤ちゃんの発達を支えているというのに、現在、多くの母親が貧血であるという事実は、健康な赤ちゃんの出産が難しくなってきていることを示している。そのことは私たちが二十年来行ってきた入園児の生育歴調査表が物語ってくれた。

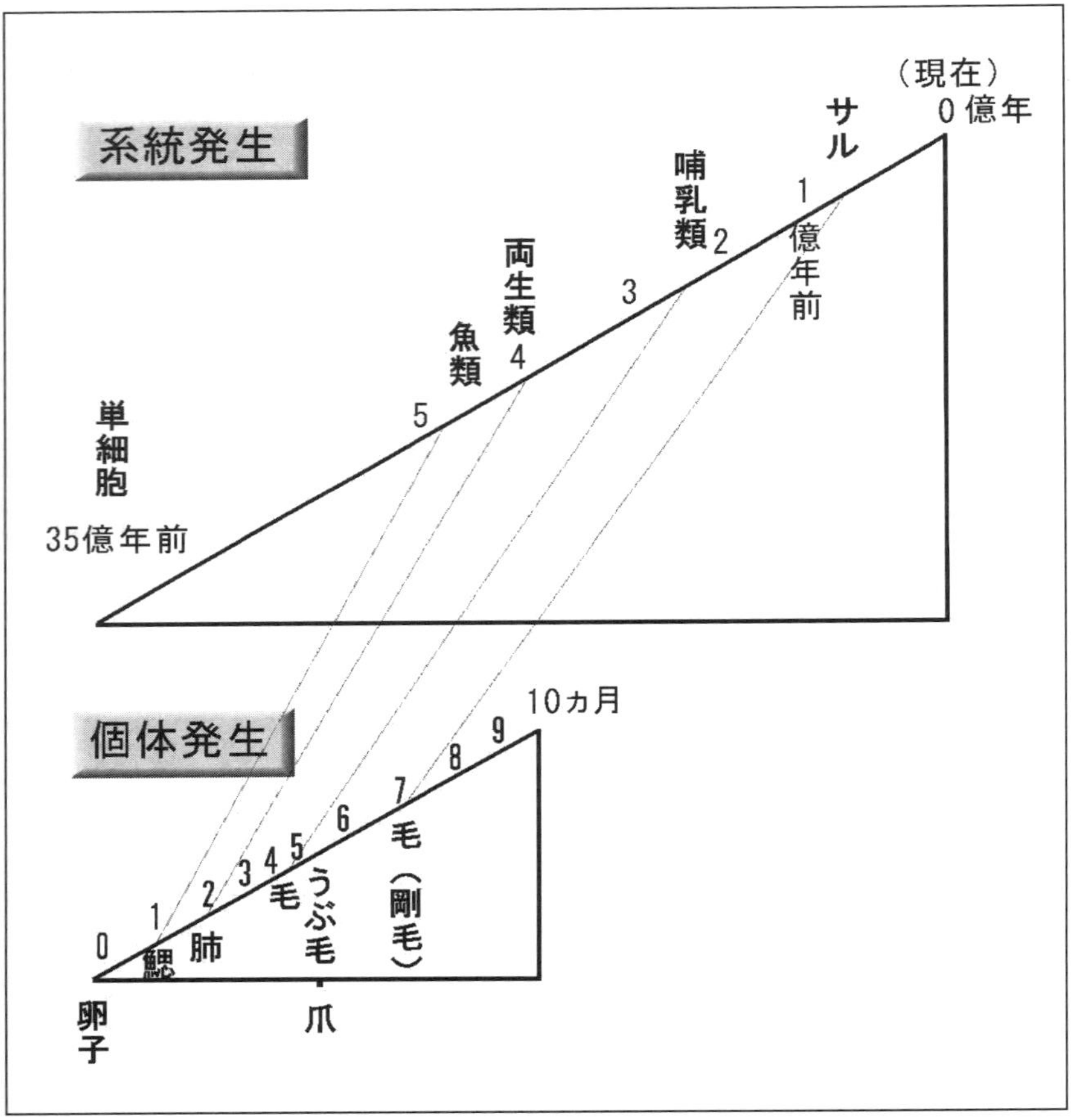

［図１］反復説の考え方を示す図
（『子どもの発達とヒトの進化』築地書館　より抜粋・改編）

※反復説について、より詳しくお知りになりたい方は、“みんなの保育大学シリーズ”（築地書館）の『子どもの発達とヒトの進化』『ひとの先祖と子どものおいたち』などを参考にしてください。

以前、母親の羊水が空っぽになってしまって、死産という悲しみを体験した人たちの例が私の身近にもある。ようやく死産は免れたものの、胎児を胎盤から離すようにして出産させたため、皮膚に多くのへこみがあり、足は魚のひれ状の未熟児が入園したのだ（あとで判明したが、アキレス腱がなかった）。幸い、〇才の後期で入園してくれたため、背骨の屈伸運動、寝返り運動、両生類のハイハイ運動を午前・午後の目覚めているときの遊びにとり入れ、ていねいに介助を行い、急がないでゆっくり育てた。

すると、ついに立って歩くようになり、幼児期をあと半年というとき、脳障害はないので両親も保育者も気を許し、子どもが走るままにしたところ、かかとをつかない「つま先歩き」になってしまった。私は驚き、すぐ両親と話し合い、焦《あせ》るのをやめてもらい、この時は特別の医療訓練士のお世話になったところ、約二週間で踵《かかと》がつくようになった。保育者も走らせるリズム遊びをやめ、一歩一歩を確実に、「かかと着地」そして「足の親指で地を蹴って歩く」という、人間の移動運動のパターンを獲得させて、無事小学校に入学させることができたのである。

また、被爆三世の例もある。二世である父親は甲状腺の病で苦しんでおり、この子は無筋力を特徴とする先天異常児のため、十カ月の赤ちゃんの時相談を受けた。その時、上向きに寝かせて両足を開くと、ずーっと頭の上まで足が交差してしまうほど、ぐにゃぐにゃであった。が、一才で引っ越してきて入園。背骨をくねくねと上下、左右にくねらせる運動、足を交差させて親指で床を蹴らせるようにおしりを押してごろごろと寝返りをさせる運動、両生類のようなハイハイ運動を毎日介助して繰り返し遊ばせた。

すると、ついに自らこうした運動を好むようになり、ひざをついたハイハイから高バイへとひとり立ちをする〇才児の動きを一才の時に経過。二才七カ月でひとり歩きができるようになり、一才児クラスで遊びはじめ、急速に走る力を身につけ、追っかけっこなどを好み、みずから二才児クラスに交じってすごすようになった。

やがて卒園のときは全く普通児と同じように過ごし、そのまま無事に普通校に入学した。これはすべて、生物の進化、とくに脊椎動物の進化の過程で必要であった運動を取り入れた「さくら・さくらんぼのリズムあそび」をその子の状態に合わせて、ゆったりと順を飛ばさずに、ていねいに毎日繰り返して遊ばせてきた成果といえよう。

子どもはよく観察すると、自然に自分の発達に見合った友だちを見つけてあそぶ。

その子の生活年齢にこだわらずに、子どもの主体性を尊重し、その時その時に必要な、子どもができる、やりたがる運動を遊びにして保育をしてゆくなら、初めはゆっくりだが、後に急激に伸びてゆくことが、この子でよく教えられた。

○才児の子育て ― 脳の発達の遅れを出さない

ＮＨＫ特集『赤ちゃん』（一九八三年放映）は、私たちに大変多くのことを教えてくれた。とくにボストンの小児科医・小児精神科医でハーバード大学の教授でもあったブラゼルトン博士の、赤ちゃんの抱き方は実に素晴らしい。

この抱き方は、カエルの足のように開いている赤ちゃんの足をそのまま正面に、赤ちゃんの顔を自分の顔に向け、片手の親指と人さし指を大きく開いて、そこに赤ちゃんの首を乗せて支えて抱き、片手は赤ちゃんのおへその裏側のところの背中にあてて背骨を支え、大人の目から四十～五十センチほど離して、真正面から赤ちゃんの二つの目と自分の目が見合うようにしてにっこりとほほ笑みかけるのだ。

そして「よしよし、いい子、いい子…」とやさしく赤ちゃんを揺さぶる。こうすると正常に生まれた赤ちゃんは生まれてすぐにでも、もう母親の目を見つめるという。

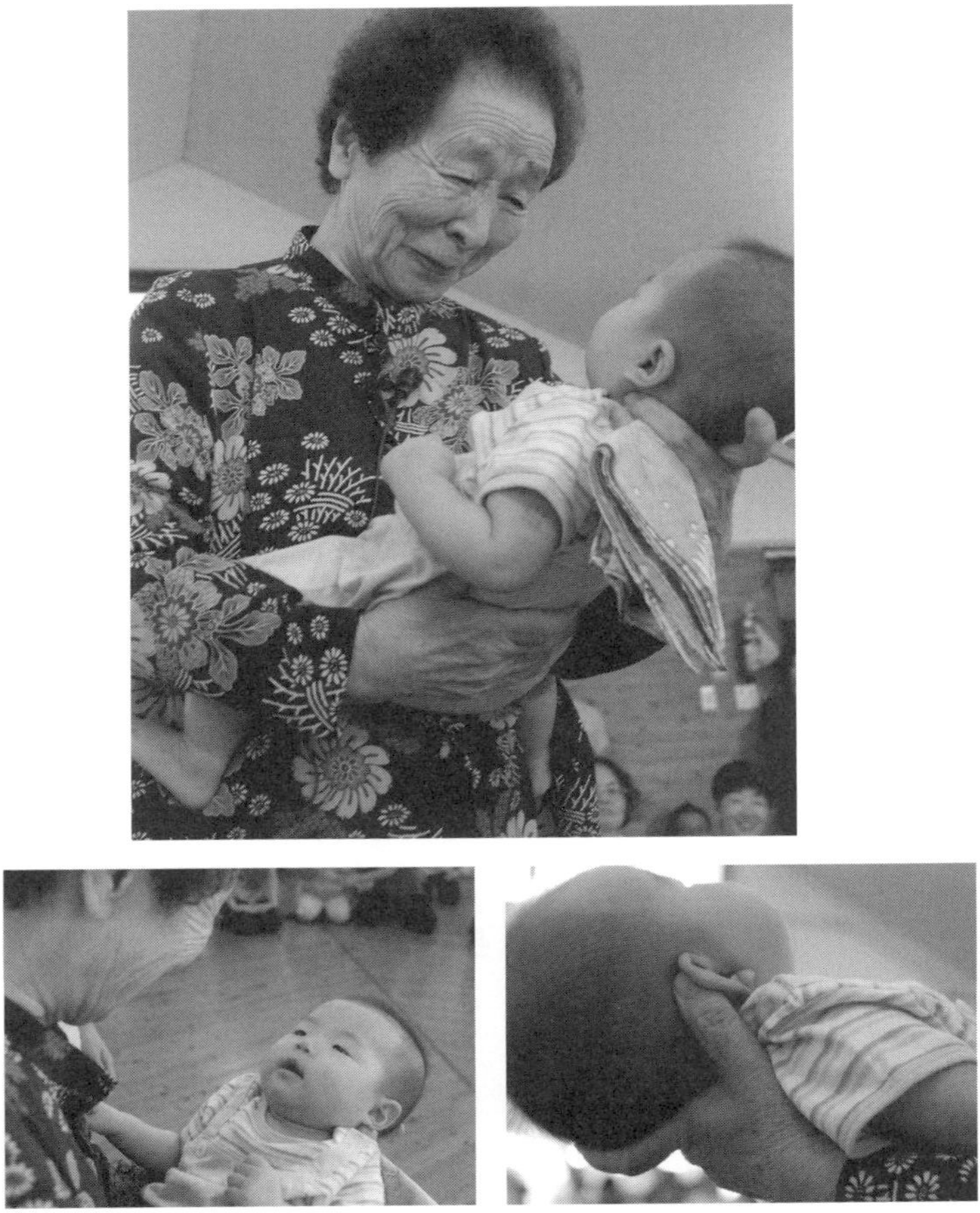

ブラゼルトン博士から学んだ筆者による赤ちゃんの抱き方

私のところには一カ月半か、二カ月たった赤ちゃんを連れた母親が訪れてくる。その時、私は赤ちゃんを抱き、やさしく言葉をかけ、自ら赤ちゃんのふたつの目に笑いかけると、正常な赤ちゃんはまばたきもせず、じっと私の目を見つめ、やがて〝ニコッ〟と微笑む。私は「素晴らしい！」と感動する。

その後、背中の、おへその裏側の部分の背骨にあてた手で、緩やかに体をしなわせるようにしながら、私が自分の体を前後にゆっくりと動かし子守歌をうたうと、必ず赤ちゃんはスヤスヤと眠る。その顔の何と尊厳に満ちていることか。すべての子どもが、だれとも違う「自分」というものをすでに持っていることを、私たち大人に告げているのである。誰も侵すことのできない、一人ひとりの命の尊さが、その寝顔にはっきりと読み取れるのである。

しかし、こうした抱き方をして背骨をしなわせようとしたとき、不思議に、何らかの脳損傷を持った赤ちゃんは嫌がって泣き、体を縮め、肩に緊張が出て、手足も縮め、硬くなる。

また、二つの目が真正面を見つめず、上下・左右に動いて、抱く人と目を合わすことをしない赤ちゃんも、私は「おやっ？」と思い、脳の中を心配するのだが、私はこの時こそ真剣に、首を支える手指を操作して、なんとか二つの目が動きをやめて、私の目をじっと見つめてくれるよう努力をする。そして背骨の硬さがとれて柔らかくしなうまで、ゆるやかに根気強く揺さぶりを続けていると、(その揺さぶりは長い子どもでも二時間くらい)瞬間、目と目が合うようになり、ついにニコッと笑い、体の緊張も解け、いつの間にかスヤスヤと寝入ってしまう。そのとき、その子はストンと肩から脱力し、手足の先まで伸びてくるものである。

私は「もう大丈夫」といって子どもを母親に渡し、この抱き方、揺さぶり方、目をあわせて抱いている大人の目をじっと見つめるようになるまでの、赤ちゃんを支えている手指の操作のコツを教える。

保育者たちも、この方法に習熟するよう努めている。こうした大人に産休明けの〇才の時から育てられた子の場合、不思議なことに今まで一人として「脳性マヒ」「自閉児」その他どんな脳の発達の遅れも出した子どもはいないのである。

具体例をいくつか挙げてみよう。

(イ) 多分、出産時のトラブルからであろうか、脳内出血の大きかった赤ちゃんが「このままなら寝たきりになる。」と医師に言われたと訪ねてきて、生後二カ月から入園した。この抱く、揺さぶる等の運動で、生後六カ月の時、医師が自然治癒してい

卒園間際、遠足でプラネタリウムを観に行ったときに描いた絵である

るのに驚いたという。最初は泣き声が異様にかん高く、保育者が大変心配した赤ちゃんだが、六、七カ月ごろからは、乳児室の斜面の芝生を「両生類のハイハイ」で登る運動をしてからミルクを飲ませるよう心がけると、とうとう普通に育ち、現在立派に成人となっている。この子は卒園時の絵も素晴らしく（上欄参照）、脳に何らの後遺症のないことをも示してくれた。

（ロ）”筋肉硬縮症“という診断で両手を固く握りしめ、なお縮めてしまっているという赤ちゃんが入園した。「手」は「目」とともに「突き出た脳髄」といわれる。手の指、足の指、特に足の親指が開くか開かないかは、脳の運動野の部分と深く関係している。マヒで立てない場合は、脳の言語野の部分とも関連し、同時に言葉が出ないこともある。手の親指は、原始反射がほとんど消えてゆく生後四カ月のころに、まだ開かないときは「おやっ?」と思い、六カ月になっても開かないときは、脳性マヒが疑われるところである。

この筋肉硬縮症の子どもは、さらにひどい緊張が手足にあり、普通の抱き方、揺さぶり、ハイハイ運動だけでは手指が伸びない状態が四才になるまで続いた。そこで、大きな木のたらいを用意し、お湯を入れ、毎日このたらいの前にうつぶせにして両手を入れて（たらいの前には湯上げタオルを厚くして無理のないようにした）こころよいマッサージを、特にひじの関節の部分をもんでやるということを日課として一年を過ごしたところ、ついに手指がやわらかく伸びるようになり、五才のときは普通児と歩いて遊べるようになった。

そしてその後、小学校高学年になるとスポーツを好んでやるまでに育ったのである。

手足の指と脳の発達について

次に、赤ちゃんの「突き出た脳髄」といわれる手の指、足の指の動きを正常に発達させる方法を、写真を添えて述べてみたい。

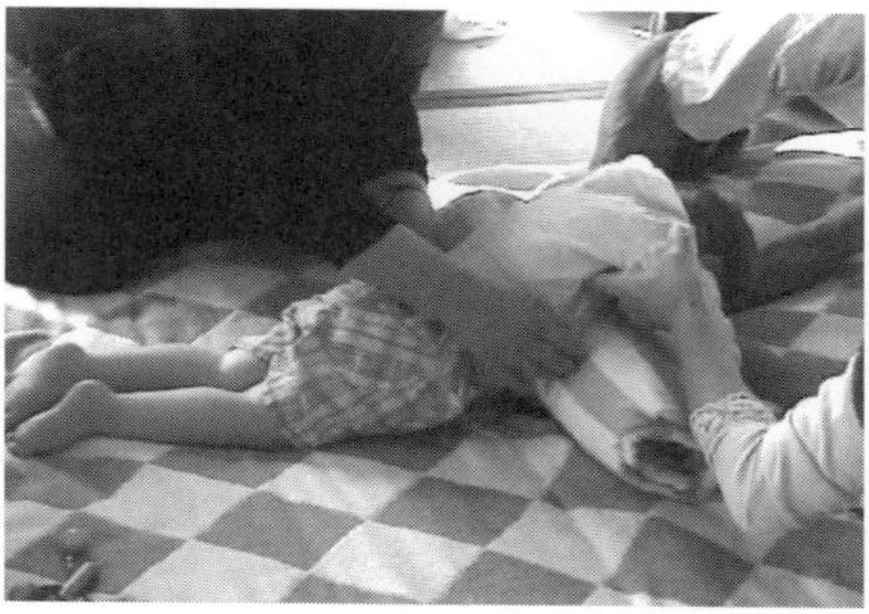

［写真1］息が苦しくならないように、湯あげタオルを敷いてやる

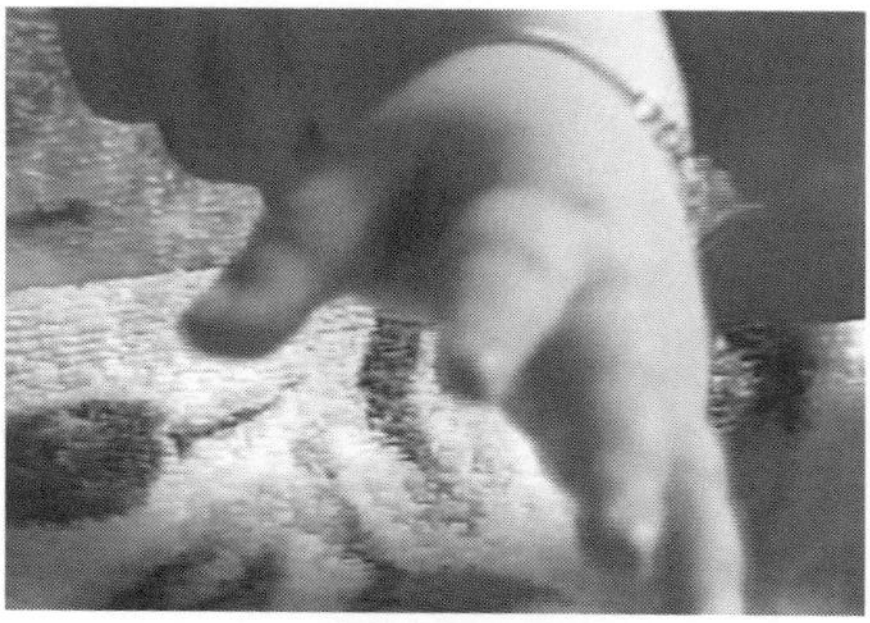

［写真2］おもちゃなどで誘うと、自然とこのように手が開いてくる

手の指が開かない赤ちゃんについては、おおきな湯上げタオルを三つ折にして巻いたものを胸の下に入れてやり、赤ちゃんの目の前におもちゃを見せて誘い、手が開くように

促す。（その際、おもちゃは木製の物にしてもらいたい。）（写真1、2）

次に、足の親指のそりを出す方法の写真を見ていただきたい。もしも、赤ちゃんの足の親指の反りが出ない場合、次の写真を参考に、赤ちゃんのお尻の骨の先端（ツボどころ）を押すと、親指の反りが出てくる。（写真3、4）

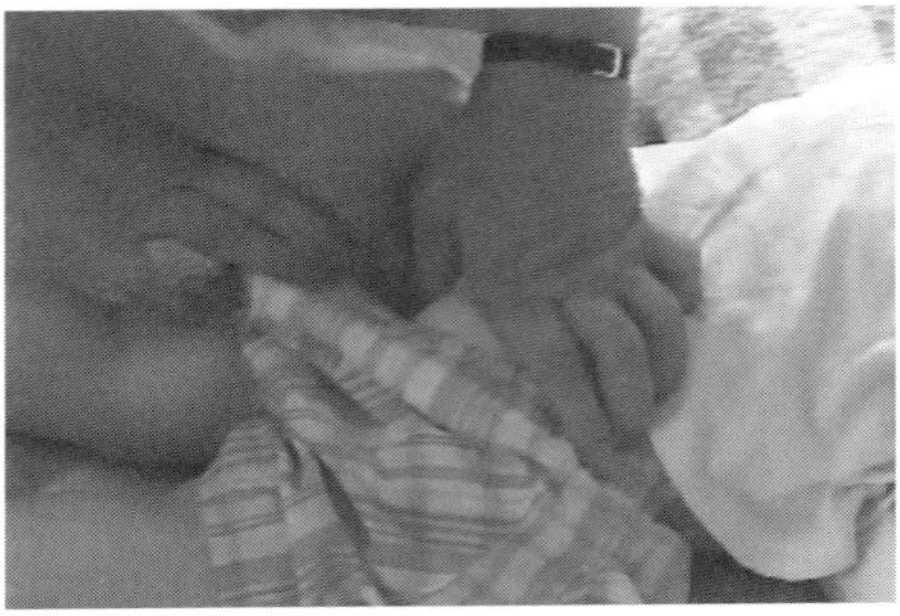

［写真3］お尻の骨のツボどころを押すと

［写真4］このように足の親指の反りが出てくる

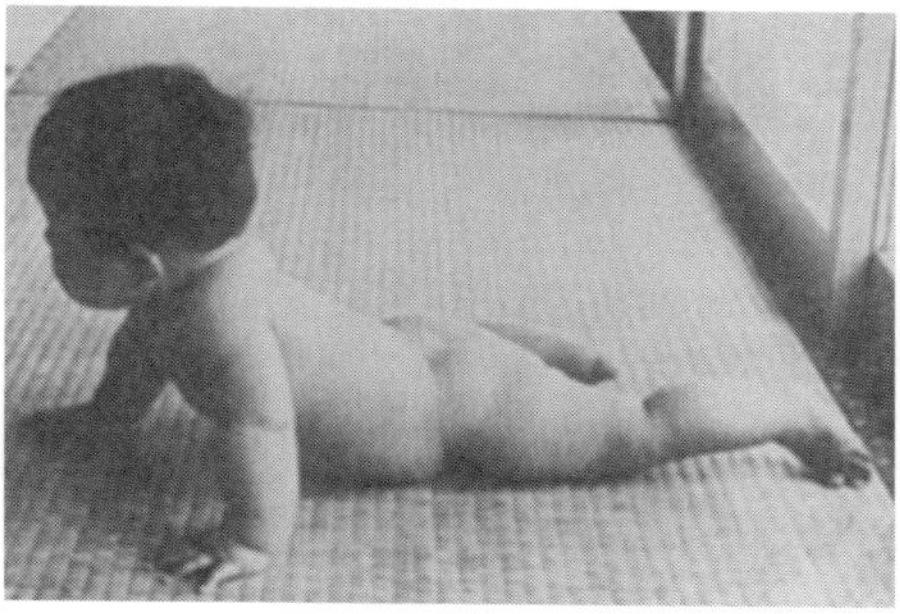

［写真5］　健常な子ども　0才5、6カ月ごろ、
足の親指がしっかりと床についている

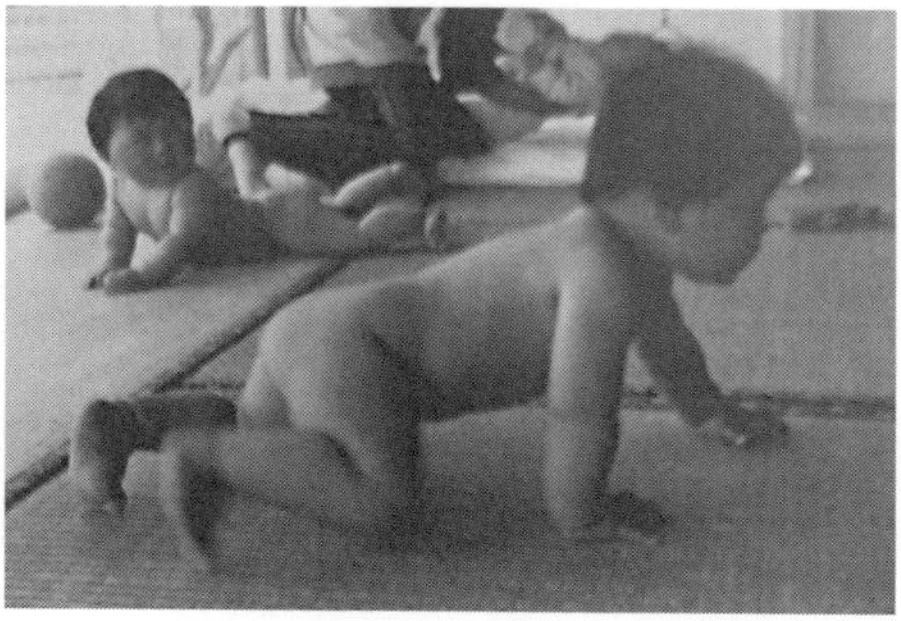

［写真6］　健常な子ども　0才10カ月ごろから
このように、しっかりとしたハイハイができる

健常な子どもは、次の写真のようにうつ伏せにすると、足の親指が地についている。

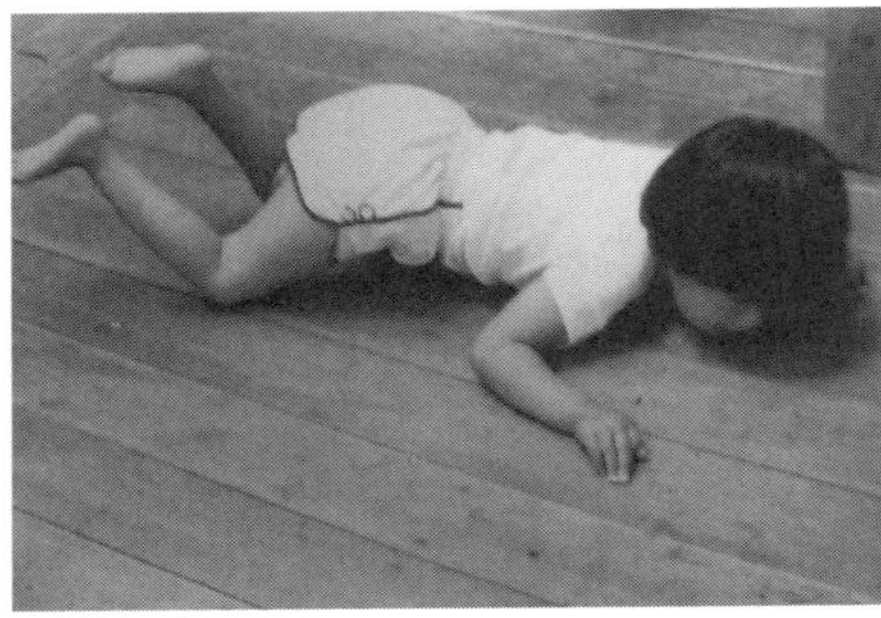

[写真7]　4、5才児の障害児のようす。膝から下が宙に浮いている

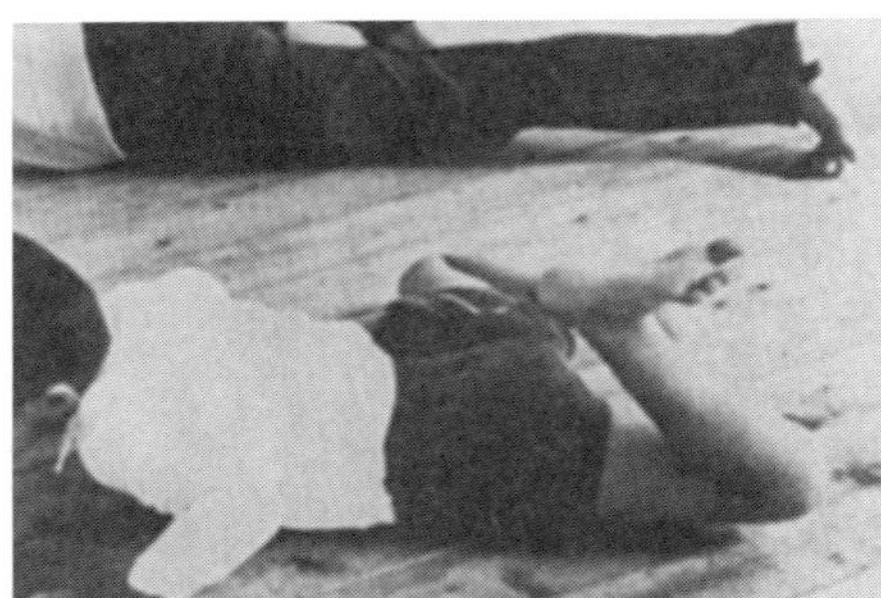

[写真8]　4、5才の自閉症児。同様に足の指は床に付かない

脳に障害のある子は、うつぶせにしたとき、ひざから下を上にあげてしまい、足の親指は床につけない。この子らは、言葉の遅れのある子が多い。

この子たちも、後述する「金魚運動」、「寝返り運動」、「両生類のハイハイ運動」を毎日繰り返すうちに、治ってきたのである。

基本のリズムあそびについて

①金魚運動

1、介助者は2人必要である。ひとりは両手を優しくなでて、斜めにまっすぐのばしてやる（写真は3人の場合）

2、足の介助者は座って両足を軽くひざの上に乗せ、両手は軽く足に添え、左右に快くゆする

3、実際おこなう場合は、『さくら・さくらんぼのリズムとうた』（群羊社刊）に載せた、“金魚のひるね”にあわせてやると良い

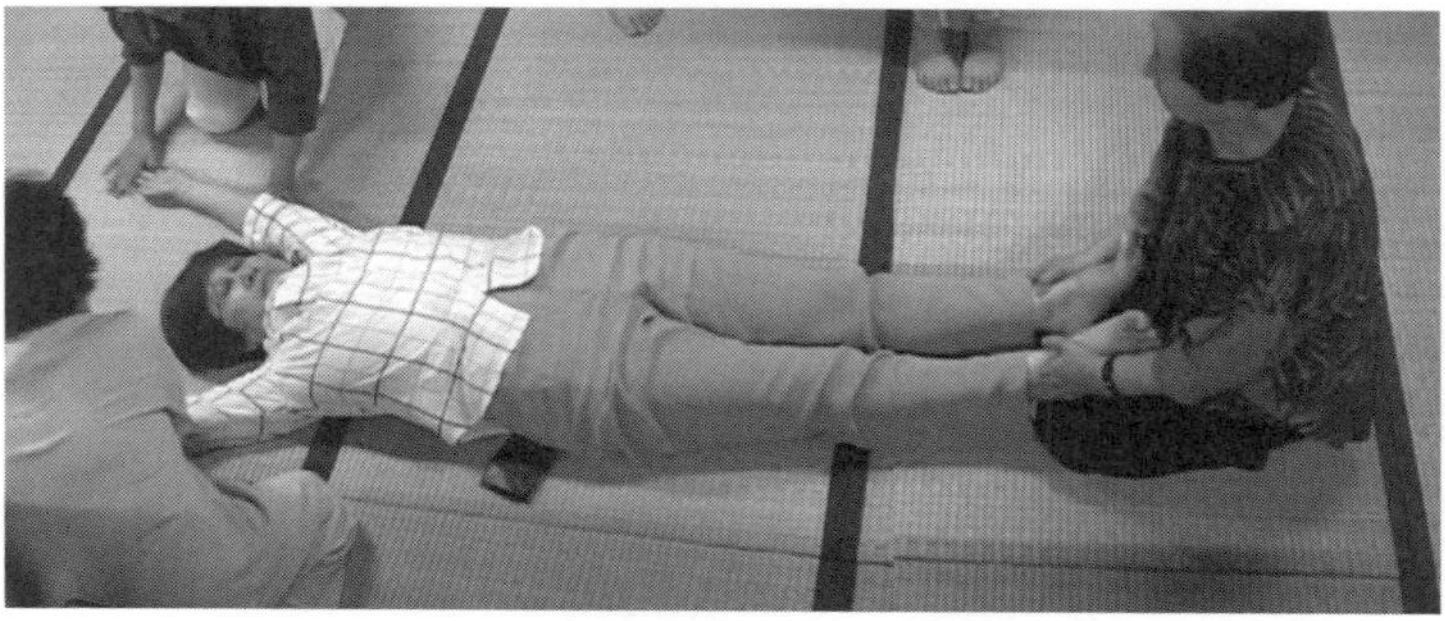

②寝返り運動（次頁"どんぐり"の曲の番号参照）

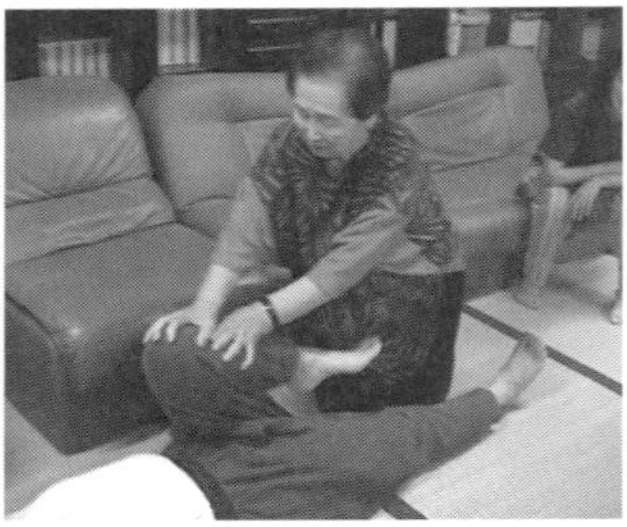

片側の足のひざを持って、おなかに押し付けるように上げる
(1)、(7)

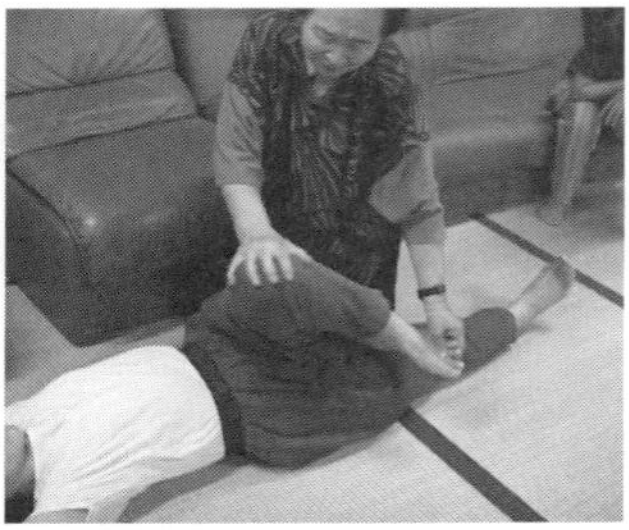

上がった足の親指を持って反対側の床につけてやる
(2)、(8)

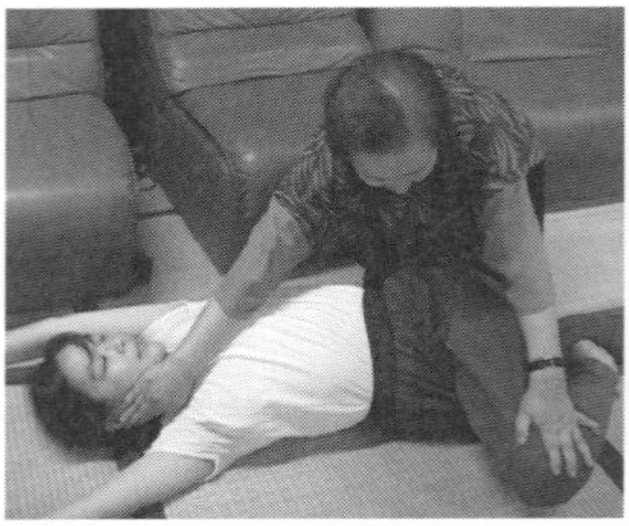

つけた親指で床をけって伸ばし、うつ伏せにさせるのだが、そのとき、頭から先にうつ伏せにならないように、軽く片手で首をおさえる　(3)、(9)

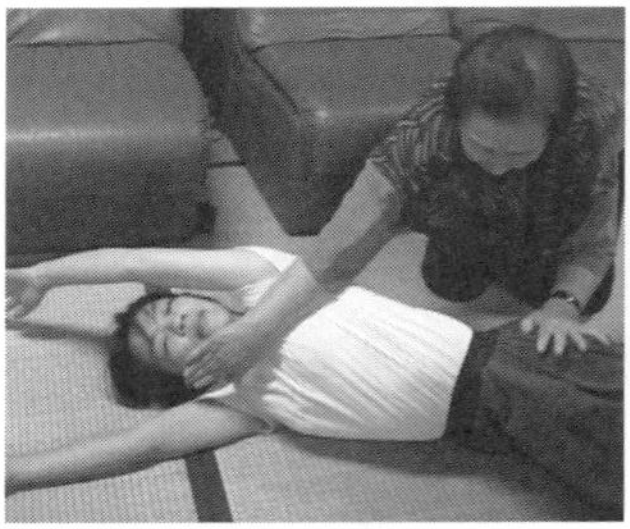

片手は首のところを静かに押さえながら、片方の手は、お尻を押してうつ伏せになれるようにする　(3)、(9)

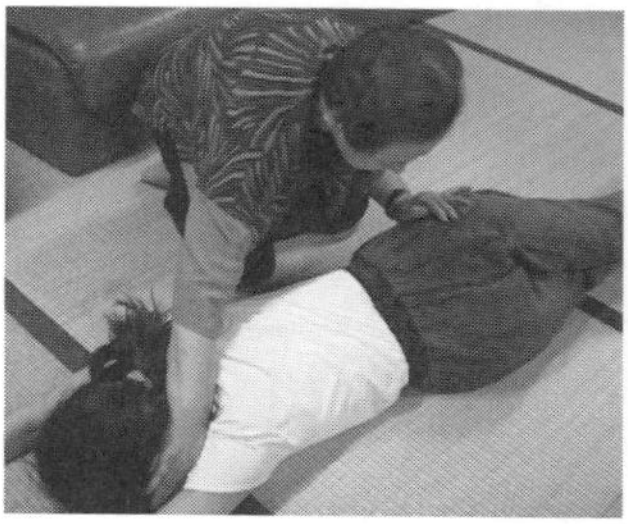

また、片手を頭と腕の間に入れて、頭が先に動かないようにし、片手は腰に当てて押す
(5)、(11)

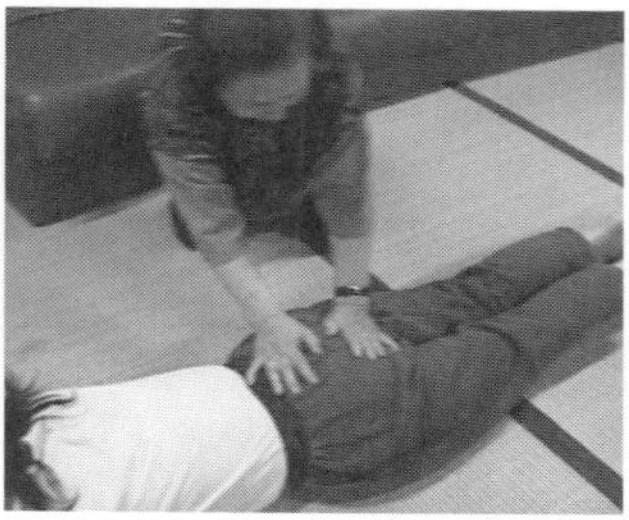

両足の親指がそろって床に付き、介助者の首からの手も静かに抜いて、腰でそろえる　(3)、(9)

上向きにさせるので、手を静かに抜いて腰をひねる
(6)、(12)

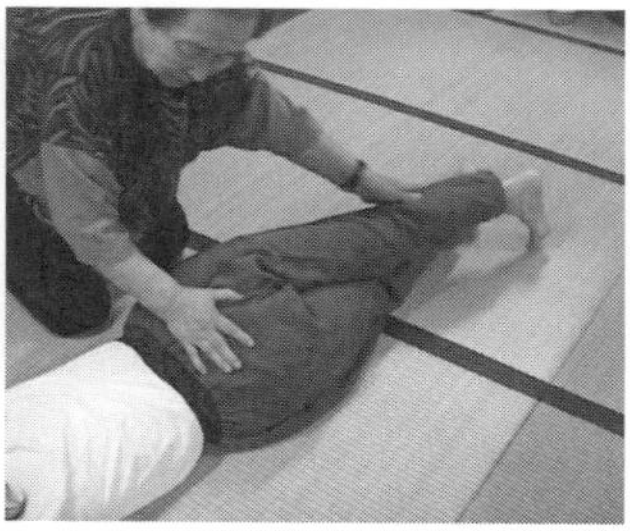

今度は手前の足の親指を反対側につけてやる　(4)、(10)

“どんぐり” の曲でやるので、写真の曲の番号に合わせてほしい

(1)どんぐり
(2)どんぐり
(3)こーろころ
(4)どんぐり
(5)どんぐり
(6)こーろころ
(7)どんぐり
(8)どんぐり
(9)こーろころ
(10)ころころ
(11)ころころ
(12)こーろころ

ひとつ転がって仰向けに寝た姿になる同じ動作をもう一度繰り返す　(6)、(12)

『さくら・さくらんぼのリズムとうた』(群羊社) に楽譜などがあるので参照されたい

次に、〇才の子どもで寝返り運動をしてみる。

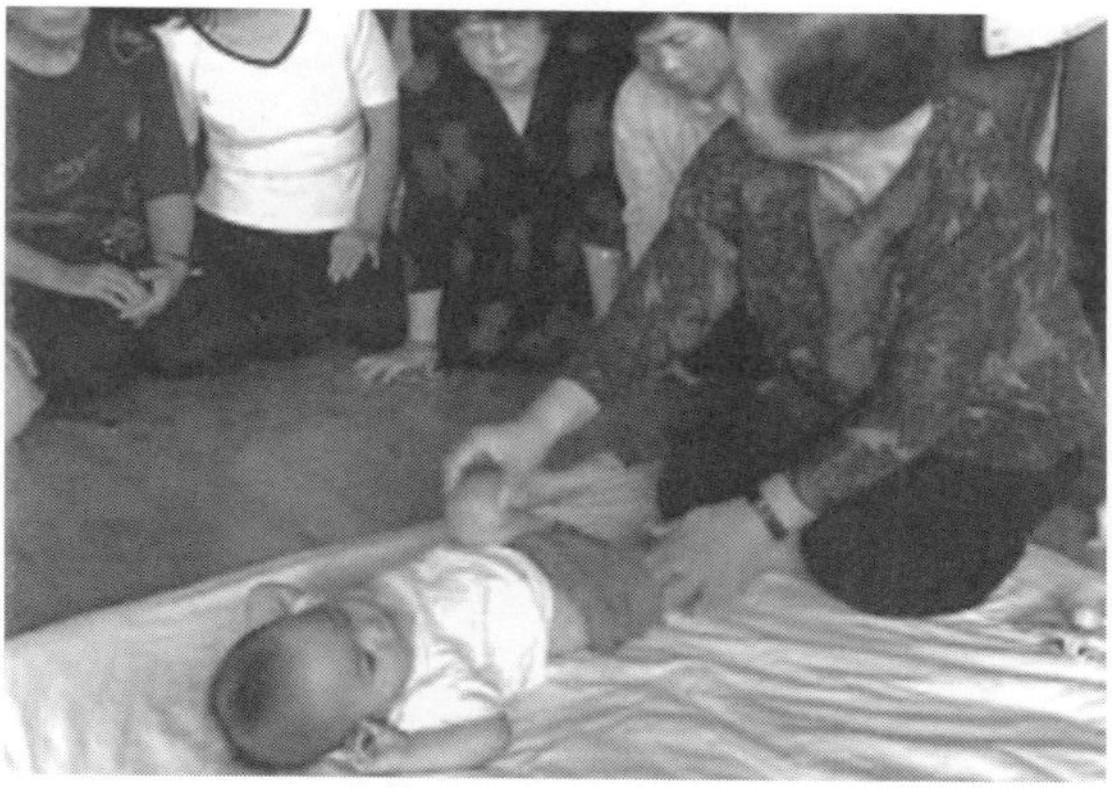

赤ちゃんのひざを持って、おなかにつけるようにしてあげる

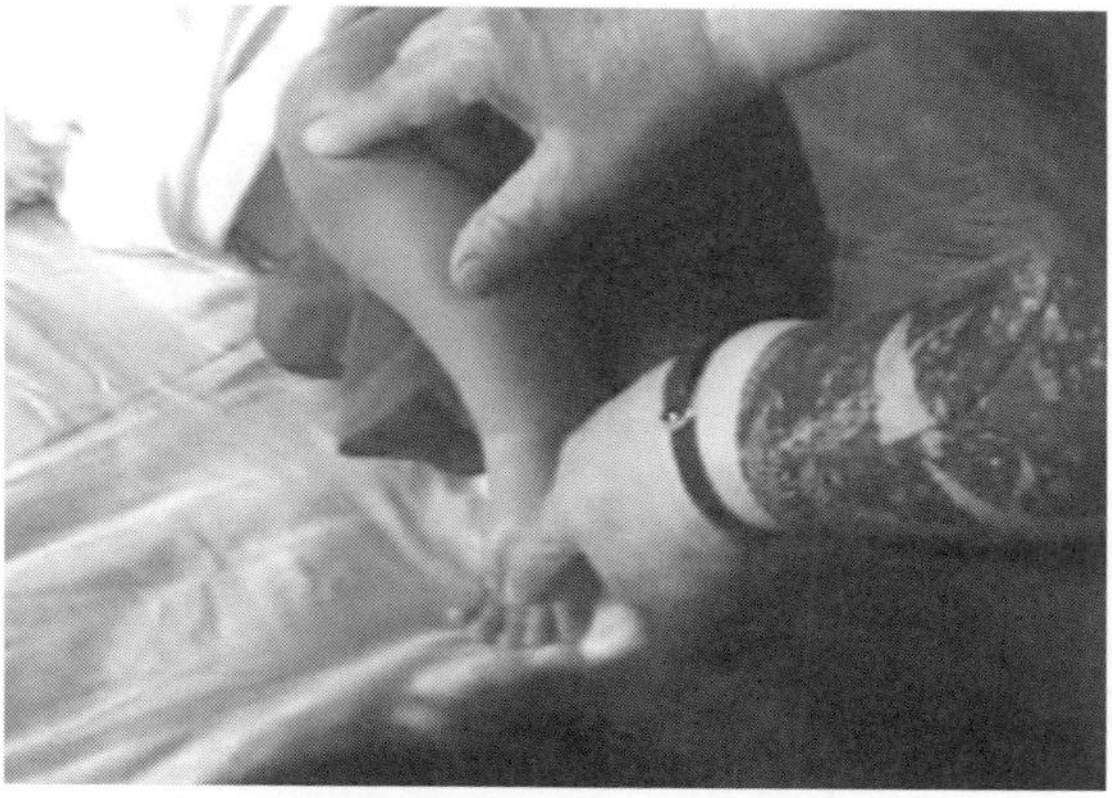

その足の、指の先を反対側の床につけてやる

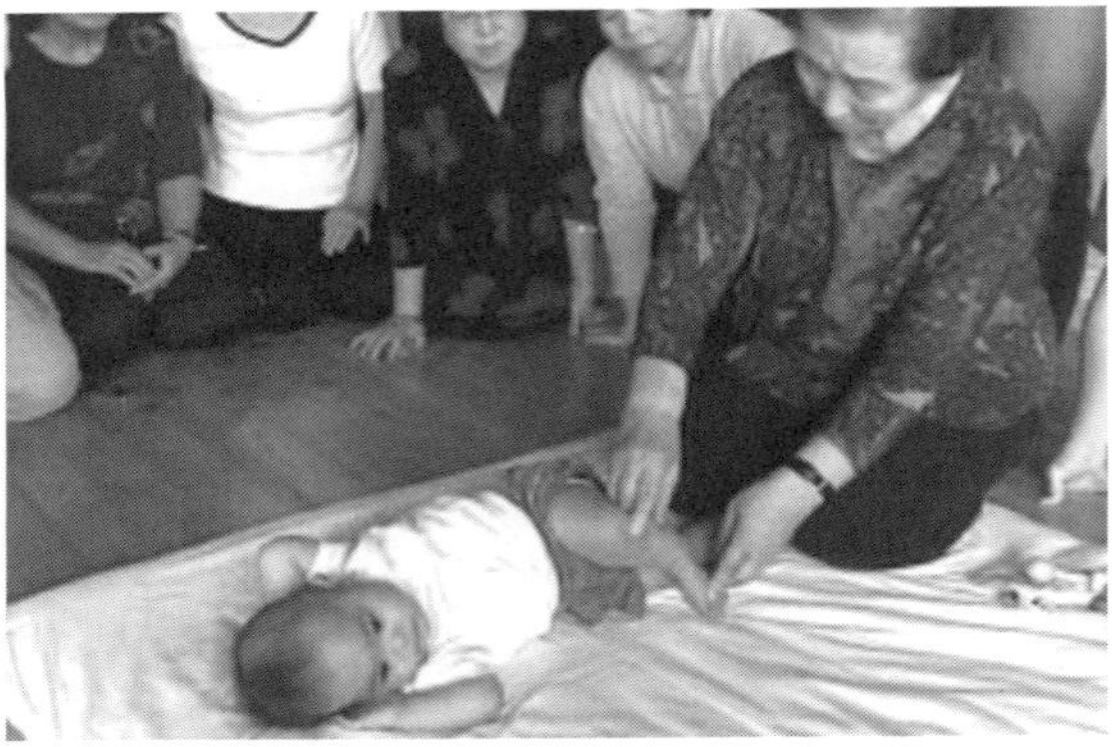

お尻のツボどころを押して、寝返りをさせる、その後は、前項に載せた大人の寝返りの写真を参考にしてほしい

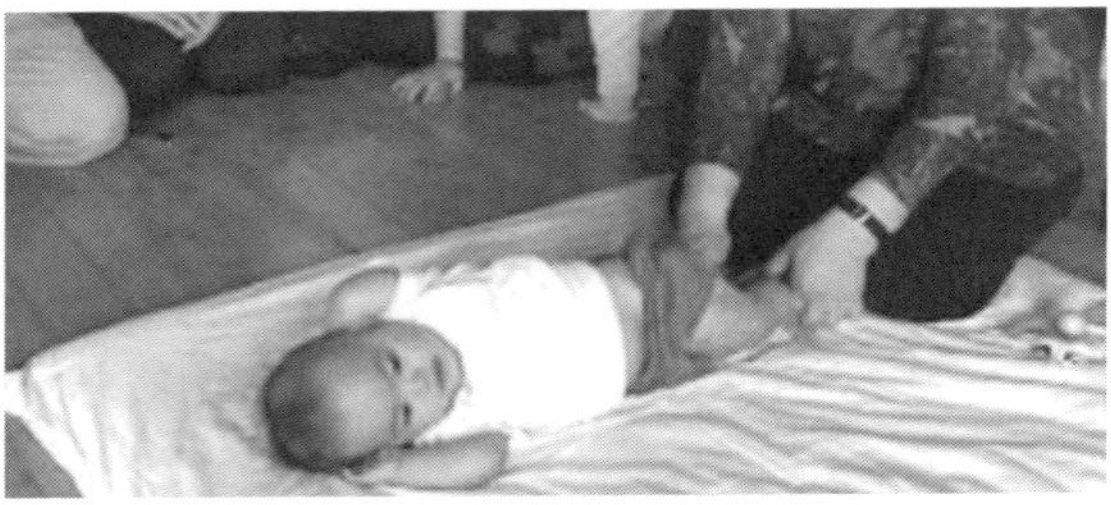

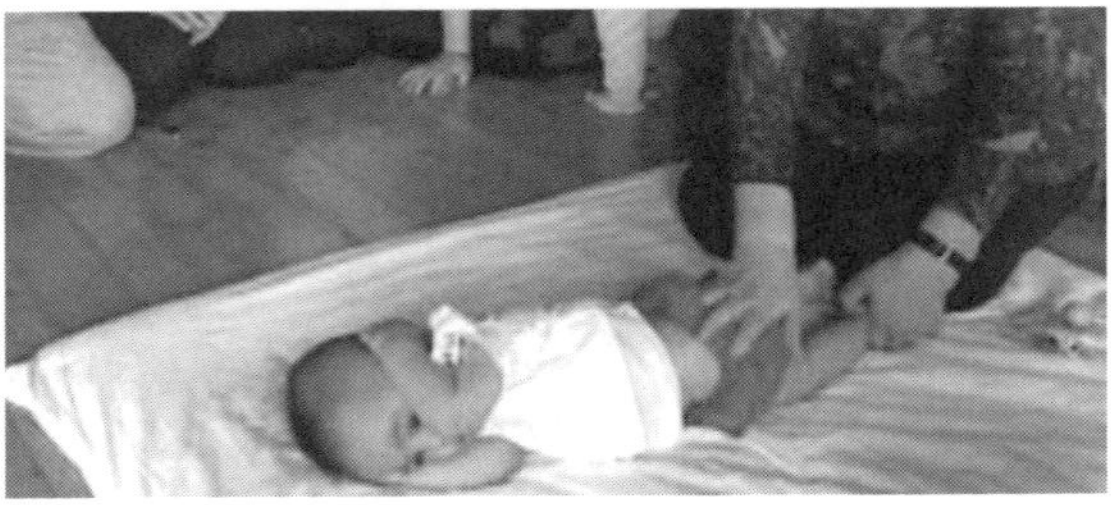

③両生類のハイハイ運動

次に、この「両生類のハイハイ運動」の介助法について述べる。

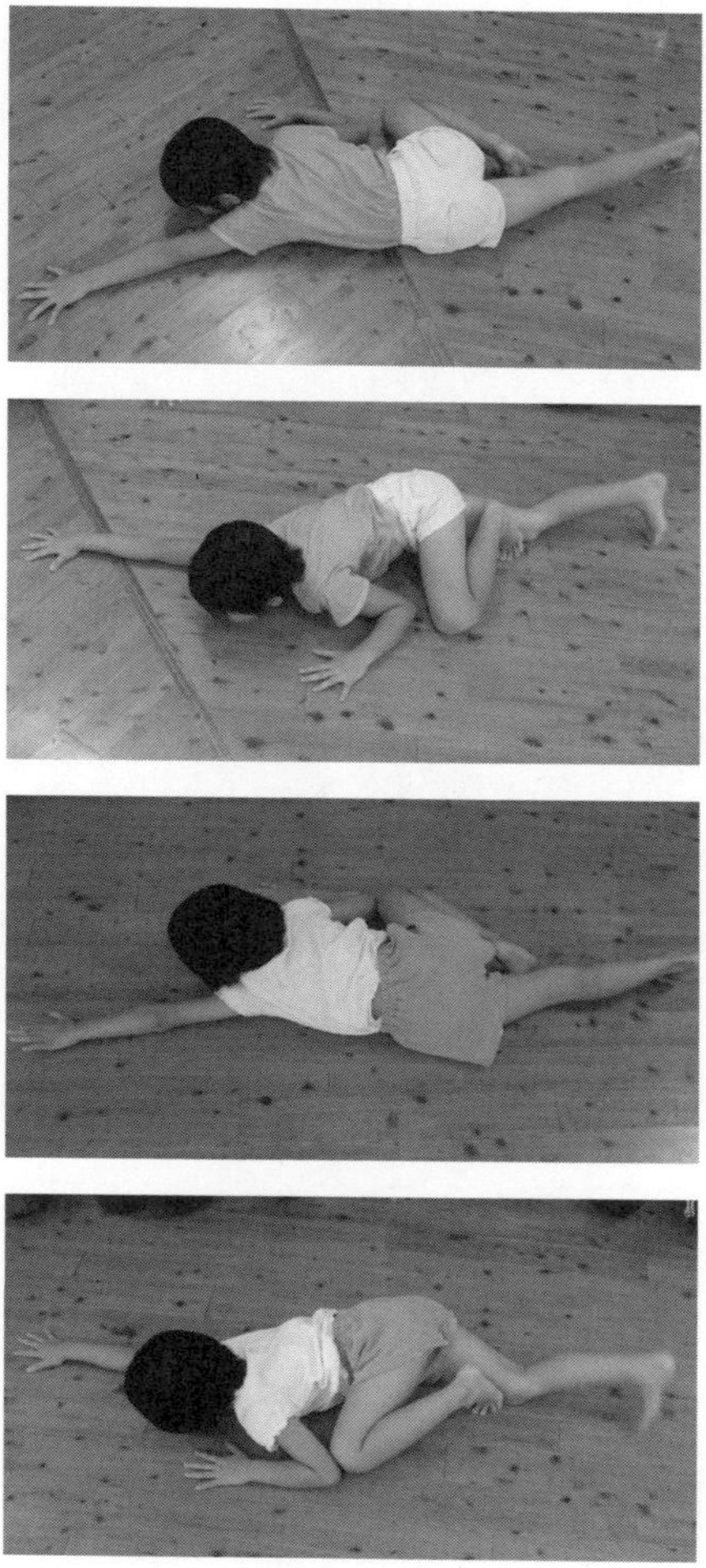

先の四枚の写真は、健常な子どもの「両生類のハイハイ運動」のものである。次に重度の脳性麻痺で、五才になってから入園してきた子どもに「両生類のハイハイ運動」の介助を行っている様子をご覧になっていただく。

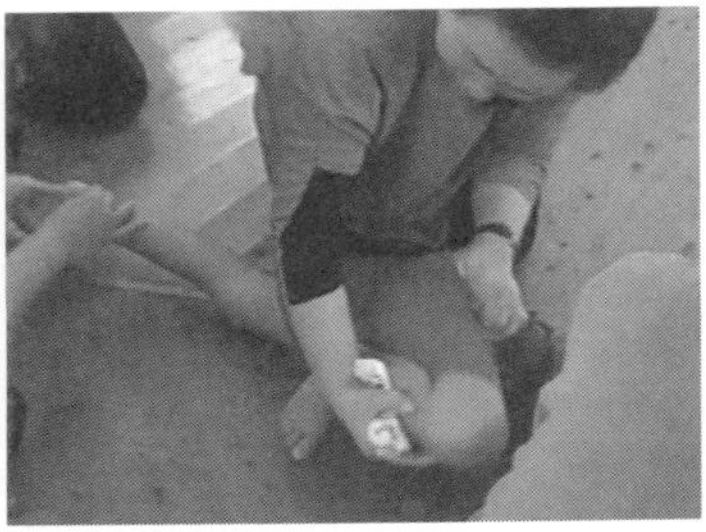

①私が、この子どもの右の膝を持って、曲げながら足の親指の先が、伸ばした左足の膝のそばに付くようにしている

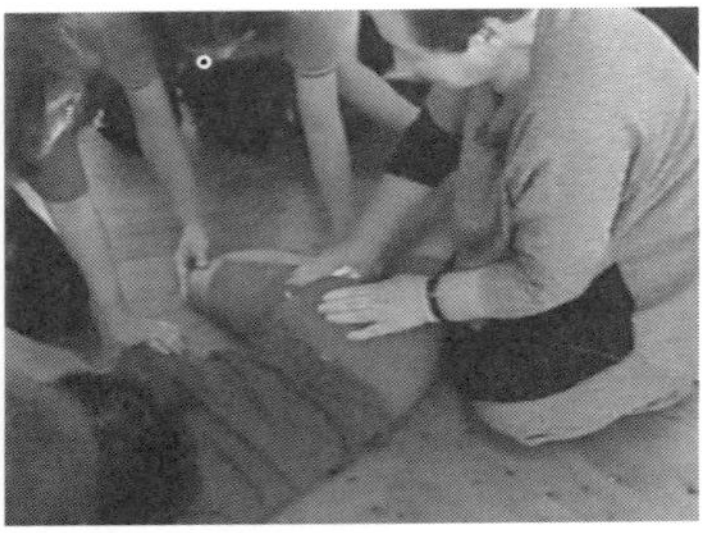

②他園の園長が、右側の肘が足の膝頭に付くようにして、私は、その子のお尻のツボどころを押して、足の親指の蹴りが出るようにしている

③その時、また別の園長は、右側の曲がった足が、蹴ると同時に右の手のひらの下に手を入れて前に伸ばしてやっている

④前進には、足の親指の蹴りの力だけで、腕の力は使わない。保育者は優しく子どもの手を伸ばしている。この喜びの顔をみてほしい

私が沖縄に行くと、いつも仲良しの六つの保育園が集まって「リズムあそび」を一緒にするのが常である。このとき、重度の障害児にリズムあそびをさせるときは、前頁の写真のように、園長たちがみな集まって介助法を覚えてゆくのである。

子どもの障害の早期発見・早期治療は医師だけに頼るのでなく、保育者も親も含めて、子どもを観察する目を育てたい。その育てる方法についても科学的なものの見方、生物の進化から学ぶ発達の可能性に沿い、そして順序を間違えない、ゆったりとした方法を探求する必要がある。

一才から二才の子育て ― 瞬間模倣力の強い時期

このころの瞬間模倣の力は何と素晴らしいことか。反射的な模倣力は赤ちゃんも持ってはいるが、歩行を確立した一才児、走る力を増しつつある二才児は、さらに視野が広がり、見るもの聞くものをすぐ真似る。

語りかける大人の表情をじっと見つめ、発音を聞き、発声を真似るその愛らしさ。

確かに、体質的なことなど、もろもろの遺伝はあるが、そのころ、どんな大人に育てられたか、どんな文化、教養の中に住んでいたか、どんな言語社会で暮らしたか、どのように愛されたか、また愛のない中で育ったか。ああ、「この一才から六才までの乳幼児期がおそらくその子どもたちの一生を支配するかもしれない。」と考えることはたいせつである。子は親を選んで生まれることはできないだけに、教育は親だけに任せるべきではない。

それなのに、今の日本の政府は、〇才、一才、二才というヒトから人間への、最も大切な土台をつくるときの教育を親まかせにすることにし、三年間の育児休業などを出すことによって、保育園への補助は削っている。

しかし、戦後に決めた児童憲章、そして国連で決めた子どもの権利条約に学ぶべきである。すべての大人が、次の時代を担う子どもたちすべてに、最高のものを与える義務があるし、子どもたちはどの子も、その最高の文化を受ける権利を持っているのである。

私は、「文字教育は六才過ぎの小学校就学の時まで待つべきである。」と主張し、実行し続けてきている。人間教育の土台は早期文字教育などではない。あらゆる感覚器官・運動器官が、この瞬間模倣力の最も強い時期に発達する。人間の特徴である二足歩行、あらかじめ脳の中に設計図を描いてものを作り（最初は泥のだんごでよいのだ）、絵を描き、まわりの人と言葉を使ってお互いの意思を通じあわせ、日ごとに育ってゆく。この時はなんという意欲に満ち満ちているときか。それなのに多くの兄弟姉妹、友だちをもつこともなく、狭い室内に閉じ込められて、この二度とない大切な時期を過ごさなくてはならない子どもたちのことを思うと、胸が痛む。

現代の「車社会」では、幼子が家の中からひとりで一歩でも外に出れば、命の保証すらないのだ。私たちのつくりあげた「さくら・さくらんぼ保育園」や、その姉妹園を訪れてほしい。広い庭、たくさんの木々、鳥、花、小動物、心地よいヒノキの床の部屋、終日陽が当たり、風通しのよい、視界をふさぐことのない青い空の見える所で、薄着・はだしで、土や水をふんだんに使って遊びきっている一、二才の子どもたちのなんとほほえましい姿よ。

ああ、世界中の、すべての子どもたちにこのような環境を与えてやりたい！特に障害を持った子どもにとってはなおさらであり、どの子も平等に扱われ、尊重されて育つからこそ、豊かな人間性が育まれていくのである。

しかし、こうした〝子どもの天国〟が最初からあったわけではない。「自分が育った幼い時の環境をぜひ今の子どもたちにも」と願う親たちが集まり、助け合って作り出してきたのである。

こういう親たちは優しく、賢い人たちである。決してお金に恵まれている人たちではない。心の豊かさを求める人たちが集まって、子どもたちによりよい文化を、と求めて学び合っているのである。こんな人たちに私は求められてリズム遊びのピアノを弾いたり"語り聞かせ"をするのが何よりの楽しみなのである。

しかし、この世の中、本当に賢い大人たちが多くないのが現実である。この一才や二才児から文字や算数、英語などを教えこむのが教育と考えて、部屋の中、机の前に座らせる大人たちがまだまだ多いことが、心の底から私を悲しませる。

この年齢は、自由に遊びきらせなければならない年齢なのだ。

このことによって運動機能も種々発達し、ほんとうの花、ほんとうの昆虫、ほんとうの鳥、ほんとうの動物に触れて、驚き、感動し、育ってゆく年齢なのである。

高いところに登りたい、飛び降りたいという本能にも似た欲求が、安全な施設で体験できるならどんなに子どもは喜ぶか、その時の満足そうな顔は素晴らしいものである。逆にこんな遊びを知らずに育った子どもの不幸は、もうあちこちに現れているではないか。

また、この二才からは特に自己主張が強くなり、何でも「自分で」、と主張し、禁止されることを嫌い、命令を嫌う。もっとも嫌うのが体罰だろう。

ああ……、長い人間の歴史に汚点を残してきた奴隷制の名残が、今日の文明の世といわれる時代にもまだ続いているとは！大切な子どもの教育の中に未だに残っているとは！何と嘆かわしいことであろう。

幼い子どもには、一人ひとりの、人間としての尊重から発する愛の言葉と感嘆の言葉をかけることが、どんなにその子を元気づけ、活発で意欲に満ちた子どもに育ててゆくことか。

幼い子どもたちを”自由に遊びきらせる“ことが大切であることを知ればまた、むこうみずの幼児のために、多少危険な行為をしても命を守ることのできる空間をつくって与えることに、大人は精いっぱいの努力を尽くすべきである。

三才児以上の子育て――自己主張・反抗によって知性が育つ

三才児は、もっとも親や保育者が手こずる時期であろう。三才児は言葉も普通に話して運動能力もしっかりと発達し、自己を持ち、いちばん大人に反抗したり、友だちとけんかをしたりする時期になるが、こうした自己をしっかりと主張できる子どもは、私は将来が頼もしいと喜ぶのである。
だから私は自己主張するこの三才児たちを喜んで受け入れながら、言葉で話し合って相手の意見も聴ける、つまり脳で判断しようとする第一歩の時期と考え、三才以上の子どもに対してはもっとも人間の基本の時、つまり〝力〟で解決するのではなく、話し合って〝知性〟で物事を理解し合う第一歩の時と重視して保育をしてきた。（しかしあくまでこの三才児がそのはじめで、成人するまでにはあと十数年、ゆるやかに育つのを待つのである。）

就学まで文字を一字も習わず、遊びきって育った子どもたち、豊かな環境の中で思う存分、太陽と水と、土、緑の木に、多彩な花、魚や昆虫、小動物に恵まれ、畑を耕し、野菜を作り、雑巾《ぞうきん》を縫って床を拭《ふ》き、机やいすも自分で運んで、遊びと労働をたっぷり経験した幼児期を送った子どもたちは、何と想像力豊かに、美しい自然と人間を細やかに描くのであろうか。まるで古代の人たちの、あの数万年前の、文字をまだ知らなかった時代の人たちがラスコーやアルタミラの洞窟《どうくつ》に残してくれた絵（グラビア参照）のようにすばらしいのである。

乳幼児の"絵"が語るもの ―「自分で！」を大切に

生まれた直後、見てすぐ顔に出ていて分かる先天異常児は別として、目に見えにくい、あとで出てくる脳障害については、○才の時の抱き方そのほかで早期発見の可能なこと、また早期治療の可能なことは前に述べた。

また一才児・二才児のようにまだ十分に脳が発達しきれない場合には、脳の可塑性《かそせい》はまことに大きく、保育者の育て方によって、ほとんどの脳はヒトから人間へと発達してくれることも書いたが、私が実際にその子どもを保育してみるという機会がすべての子どもには及ばないため、その時は、その子どもの日ごろ描いている絵を見せてもらう。

子どもの描画はまことに正直に脳の中を見せてくれる。

サルは絵を描かない。絵を描くのは人間のみである。○才の時は、何でも口に入れ、食べられるものかどうかみんな試している。

こういう間は絵を描かない。

しかし、一才を過ぎてくるとまわりの人が字を書いたり絵を描いたりするのを見て、模倣してペンなどでどこにでも書こうとする。

この時、私どもは四つ切りの更紙《さらし》を机に置き、クレヨン（太めが良い）を手に持たせると、一才一、二カ月ごろは、まだつながらない短い線をただクレヨンで紙をたたくように描く。続いて年齢が大きくなると次のように変わってゆくのは、世界共通なのが面白い。三才児まで共通なので、脳内の発達程度がわかっていく。

[図1]　1才1、2ヶ月

[図2]　1才2、3ヶ月から1才前半まで

一才前半は線がつながり、左右に行ったり来たりして、少し弧を描く。一枚の紙にひとつの色を使って描くのがふつうである。この弧を描く一才前半の普通児の絵が、一才後半、特に二才近くまで続く場合は、私は「おやっ?」と考えて、生育歴などを聞く。（図1・2）

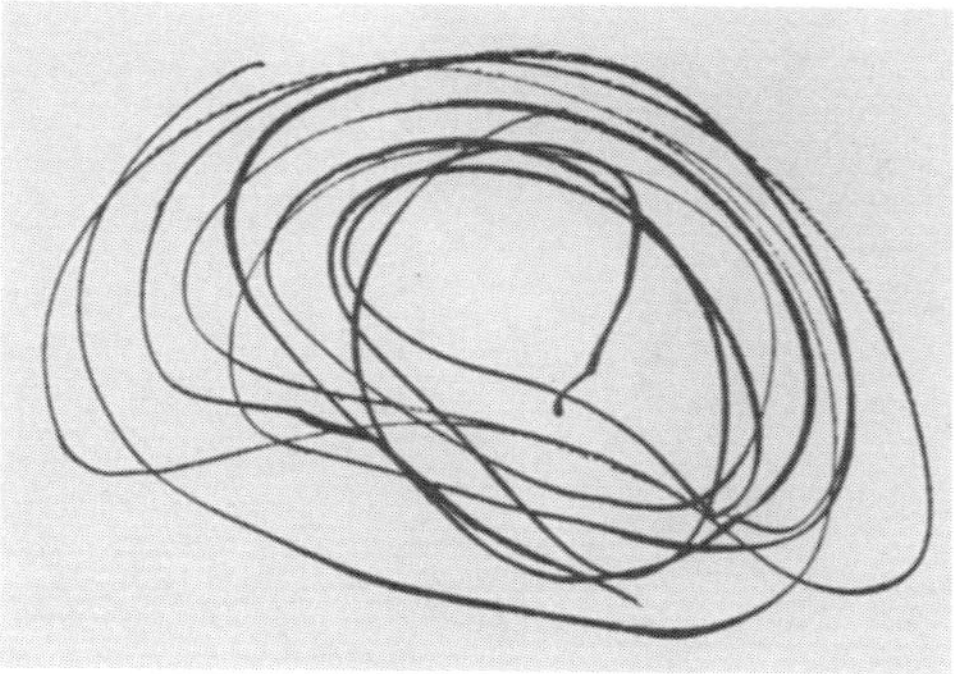

[図3]　1才後半

一才後半はいわゆる ”ぐるぐる“ の絵ともいわれている。

何枚も書き上げるので、私たちは子どもが色を変えるたびに更紙《ざらし》を取り換えてやる。（図3）

満二才になると、手指のコントロールがきくようになり、普通は丸がきちんとつながるようになる。この丸を描く際に、きちんと線がつながり切らないときや、また形が大きく歪んでいるときは、生育歴を聞く。（図4）

二才前半には、丸の中にふたつの目と口が描かれている。これはあくまで多くの同年齢の子どもの絵であって、丸を、ふたつ、みっつと描いたりもし、そして、この丸を指して

[図4]　満2才ごろ

[図5]　2才前半

パパ、ママなどという。（図５）

［図6］　3才前半

［図7］　3才後半

三才をすぎると人間の顔から直接手と足が出てくる。

まだ胴体の認識がないのが普通で、教えて描かせたら、かえってその後の発達を止めてしまう。

複数の人間を描いてくれたら、家族や、友達の存在を喜んでいることがわかり、私はうれしい。（図6）

三才後半になってくると友達と遊んでいる、手をつないで歩いている絵を描くが、まだ空中遊泳の人間を描いている。言葉は一人前に発達しているのに、である。（図7）

［図8］ 4才前半

四才前半に二、三カ月の早い遅いはあるが、はじめて空と地を分ける線を描き、地面を歩いているという認識を持つ。（図8）

[図9]　4才後半

四才後半ごろに初めて胴体の認識が出てきて、このように類型的な絵を描く。これはまったく全国一様で、ごくふつうに発達している場合である。しかも健康で、社会性を身につけ、楽しく日々を送っている子どもの絵である。（図９）

[図10]　3才過ぎから5才まで（全国的に共通して見られる）

この胴体が出てくる前に、または三才で幼稚園などに入園し、描き方を一様に真似したり教えられたりした場合、多くは上のような絵になって現れる。これも全国一様である。

(図10)

「人間には体があるではないか、頭から手足が出るのはおかしい」などと教わったり、「頭には髪の毛がある」などと言われて描いた子どもは、不思議と前頭葉の部分、つまり創造する人間らしい脳の部分がなく、言われた通り描くが、三才、四才、五才になっても、その後の発展がない。

[図11]　5才1ヶ月　足が地に着かない絵を描く
実際に過保護であった

[図12]　同じく5才の子であるが、
ほとんど手を描いていない

このように地に足がつかない絵を描く子どもの場合、本当に毎日足をつかって歩かせているか、考えてみるがよい。車での送り迎え、家庭でもあまり外で遊ばない、足を使わな

い子どもの多くは、こうした絵を描く。（図11）

手を描かない子も見つかる。これも手の認識が弱いとなれば、過保護であって、何でも大人がしてやっているということがよくわかる。「自分で」と子どもが言っても、大人がやらせず、手を出してしまってこのように発達を遅らせてしまっている。（図12）

失敗しても、「自分で！」という主張を大切にしなければ、絵が正直にその子を表してくれるのである。

目や手足を実際に使っての遊びを重視してやれば、脳の発達によって次第にこれから楽しい絵を描きはじめる。

ただし、栄養が偏《かたよ》って、カルシウム不足など骨や筋肉の発達がよくない子どもは、描く線が続けて描けず途切れ途切れであったり、ひょろひょろとしたりするのは当然であり、また自信のない子どもは一度描いた線をもう一度、重複して書いたりする。

五、六才児の描く絵 ― 食事は？自由に遊びきっているか？

五才児以上になると、木に登ったり、走ったり、木の根もよく張らせてしっかりと立っている様子を表し、また地面の下にも昆虫が穴を掘って暮らしている様子を描く。このような絵（絵は多様だがほんの一例を挙げている）を描く子どもは実に健康である。（図13、14）

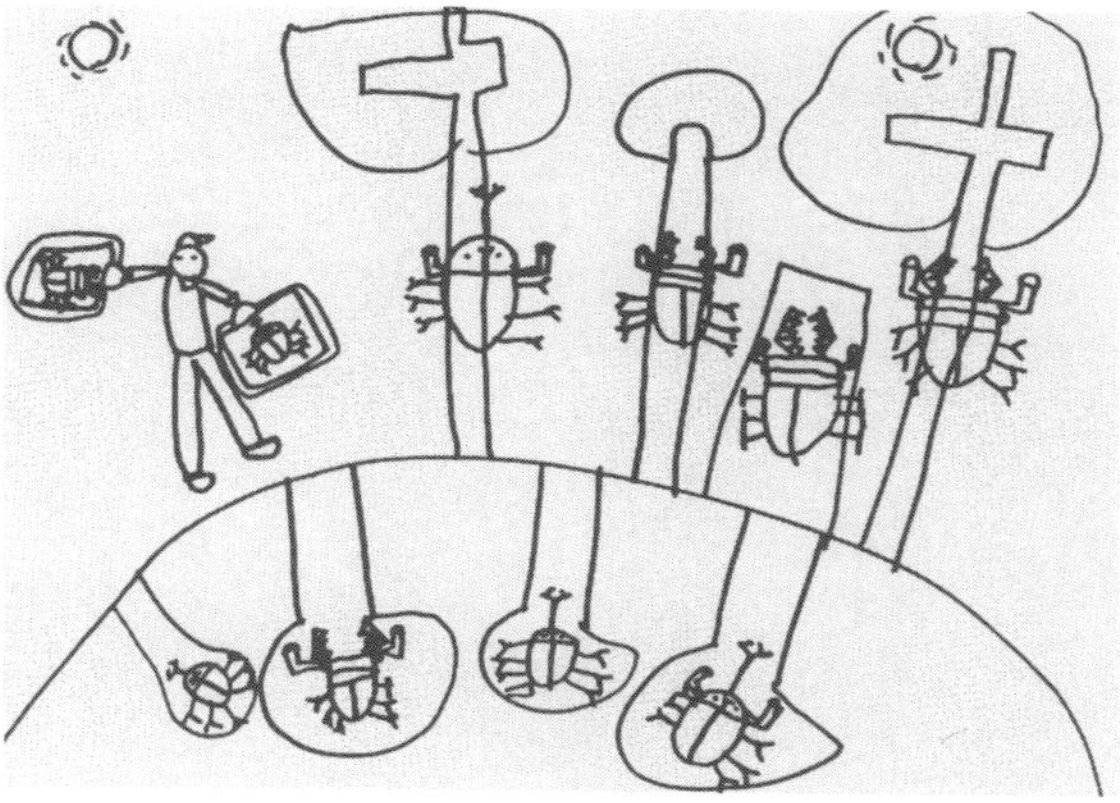

[図13]　5才8ヶ月地面の下に昆虫の棲む世界がある

[図14]　6才10ヶ月（水彩画）自然と人間の世界が見事に描かれている

[図15]　年長児（水彩画）の絵　木の細さに注目していただきたい

同じ五・六才の絵でも木の先に力がなく先の方が細って、木の根も短く細いのは、木自身が根腐れ病で枯れてゆきそうだが、この子ども自身を描いていると思わなくてはならない。食事のとり方、野菜の種類や量、ご飯は白米だけを食べさせてはいないか、歯の健康はどうかなどなど、調査が必要である。（図15）

ちなみに私たちの園は、なるべく無農薬のお米を四分または五分づきにし、黒砂糖を使い、塩も天然の製法のものを取り寄せ、野菜類も産直センターなどと結んで、新鮮なものを主体とした給食を作っている。それでも家庭の協力が得られなければ、三食中の二食は家庭で行われるので、よく話し合うことが必要となる。〇才から預かった子どもは虫歯がほとんどなく、また甘いおやつはやらないので、家庭でも欲しがらなくなるという。

画面の中に、フッと筆が落ちたようにふらふらっとした線があちこちにあるが、なんらかの発作が疑われ、似たような筆跡の絵を描いた子がいれば専門医の診断を受けてもらっている。これはただ絵に現れるだけではなく、眠れないとか、イライラして友達を噛むとか、髪の毛を引っ張るとか、言葉の発達の遅れなどなど、普段の行動をよく観察してからのことではあるが。(図16)

私どもの園に相談に訪れる方のなかで、三才以上の脳障害をもつお子さんたちはこのように異様に塗りつぶした絵を描く。(図17) いままでの医師の診断で発作は見つからないと言われてきたというが、何でも匂いを嗅いでみるとか、口に入れるとかの行動がほとんどで、言葉も奇声を出す程度。目的もなく駆け回ったり、たたずんだりする。

たとえば自閉症という診断名で三才八カ月で入園した子どもさんがいた。この子は偏食が半年かかって治り、リズム運動を好むようになったら、次に片言が出て、丸を描き、手

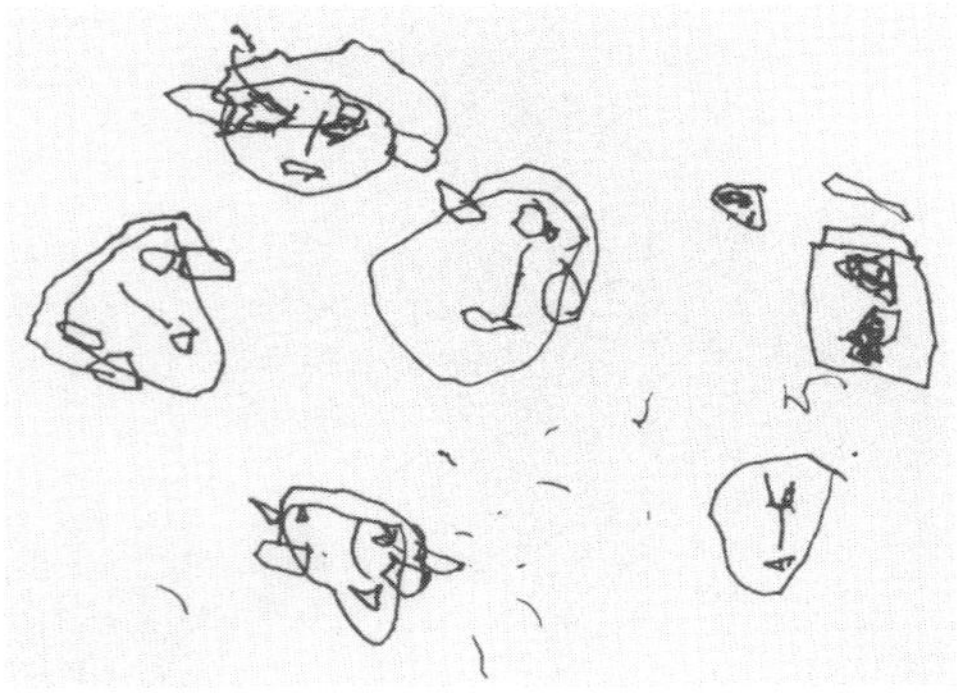

［図16］　てんかんなどの発作が疑われる絵

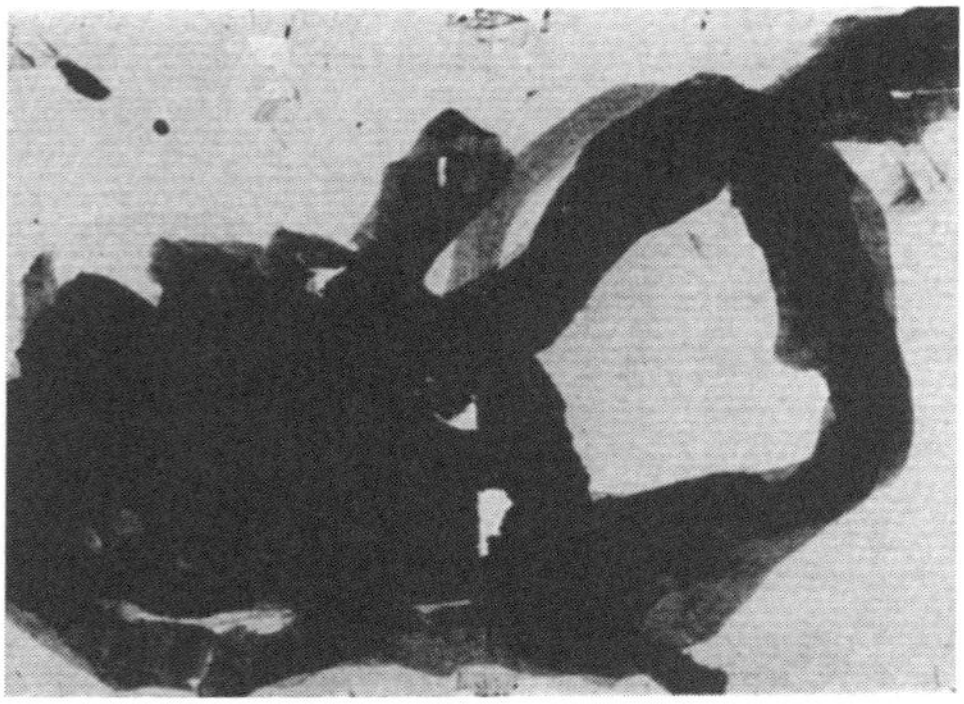

［図17］　塗りつぶした絵

足を描き、卒園のころは地と空も分ける絵を描いて、やや幼いが話ができるようになった。今では専門学校も出て、普通に働いているという。これは両親、保育者が一体となり、医師も良い方に恵まれてのことではあった。

こうした絵も、出産時の酸欠から重い脳障害を受けてしまって入園した子どもを、車の送り迎えでなく、歩かせてもらったり、リズムをしたりして、四才半で「ママ」と、言葉が出た子どもが描いたもので、その後注意して他園の子どもたちで同じように二本の角や三本、四本の立った髪の毛、または頭の上を黒く塗りつぶす子を調べてもらうと、やはり実際に故障がある子どもが多かった。(図18)

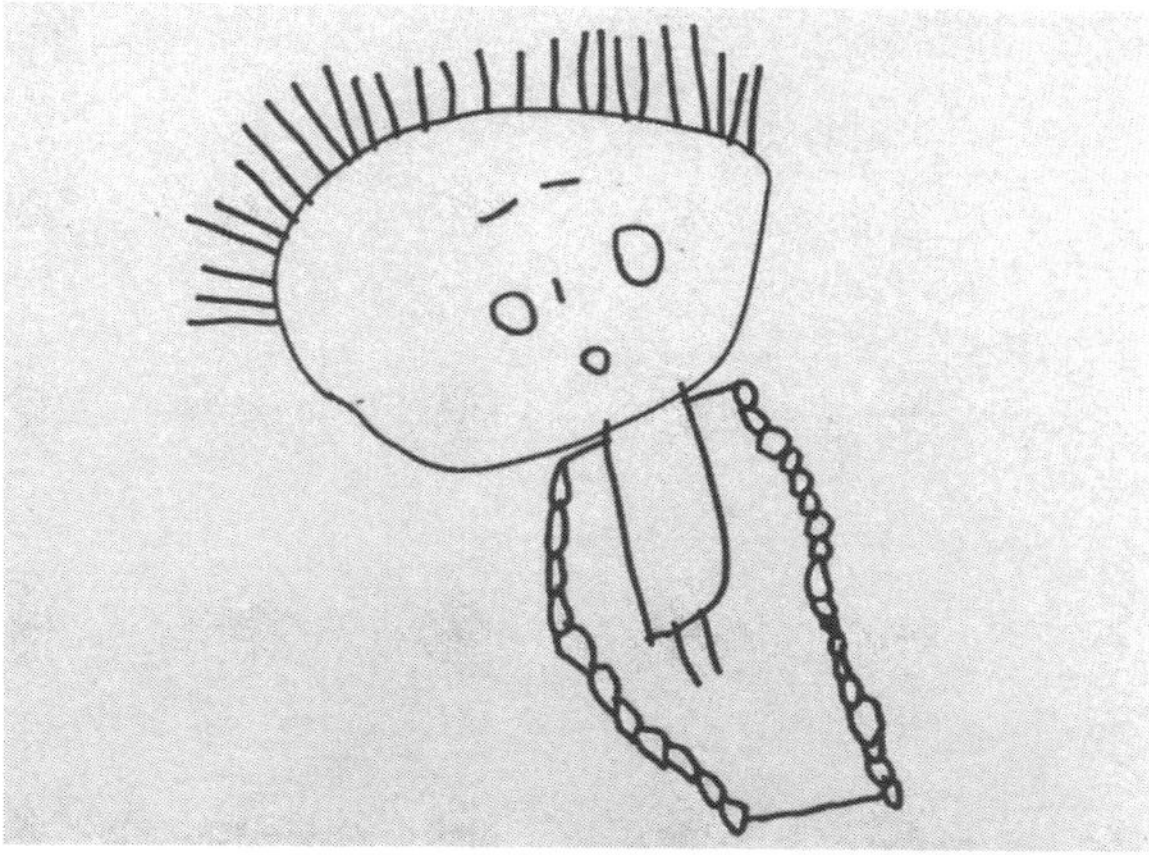

[図18]　脳内でなんらかの“故障”を訴えている絵

絵を一枚も描きたがらない子は心に悲しみをもっている。(次頁図19)

この絵のように人の住んでいない絵を描く子は、人間の愛のないところに住んでいると思い、私は特別に心にかけて育てる。

普通に自立心を尊重され、豊かな自然の中で、多くの友達に恵まれている子どもは幸せである。そういう子であれば自然と絵を描きたがり、一日に二、三十枚も描く。

水彩画は六才ごろから

六才ごろには細やかな表現で時間をかけて丁寧に仕上げるようになり、決して失敗をすることがない。また、このころになって、はじめて複雑な色も見分けられるように目も発達するので、混色が可能な水彩絵の具を使わせている。

今までの絵の例は私が創設した、さくら・さくらんぼの保育園、および姉妹園の子どもたちのものだが、まだまだ年齢差も考えず、ひとクラスに一様なことを、一斉に教えてやらせるような保育が行われているところも多いのが悲しい。

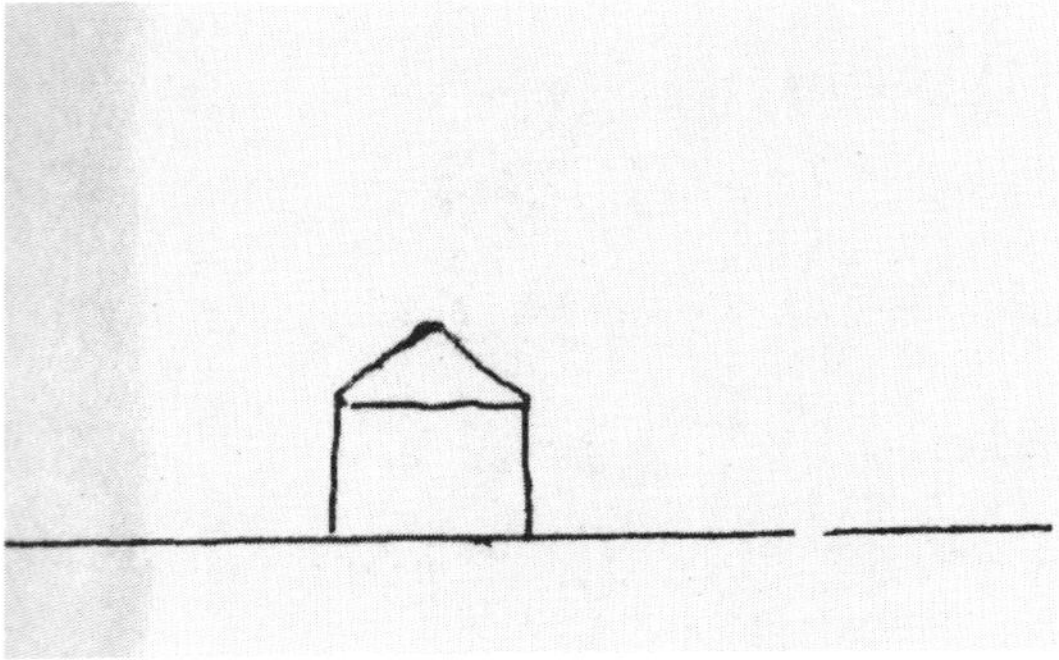

［図19］ 家がさみしいと訴えている子の絵（筆者画）

三、四才クラスのクラス全体の子どもが、先程の脳の重い病の子のような絵を何色も重ねて描いている場合は、クラス担任の保育者の責任であって、子どもたちが反抗しているので、むしろ私はこの子どもたちは健全であると考える。（図20）こうした中でおとなしく、ただ人形やチューリップなどを描いている子どもの方が、大きくなってからのことを私は心配する。

[図20]　大人のあせりから心を閉ざしている子の絵

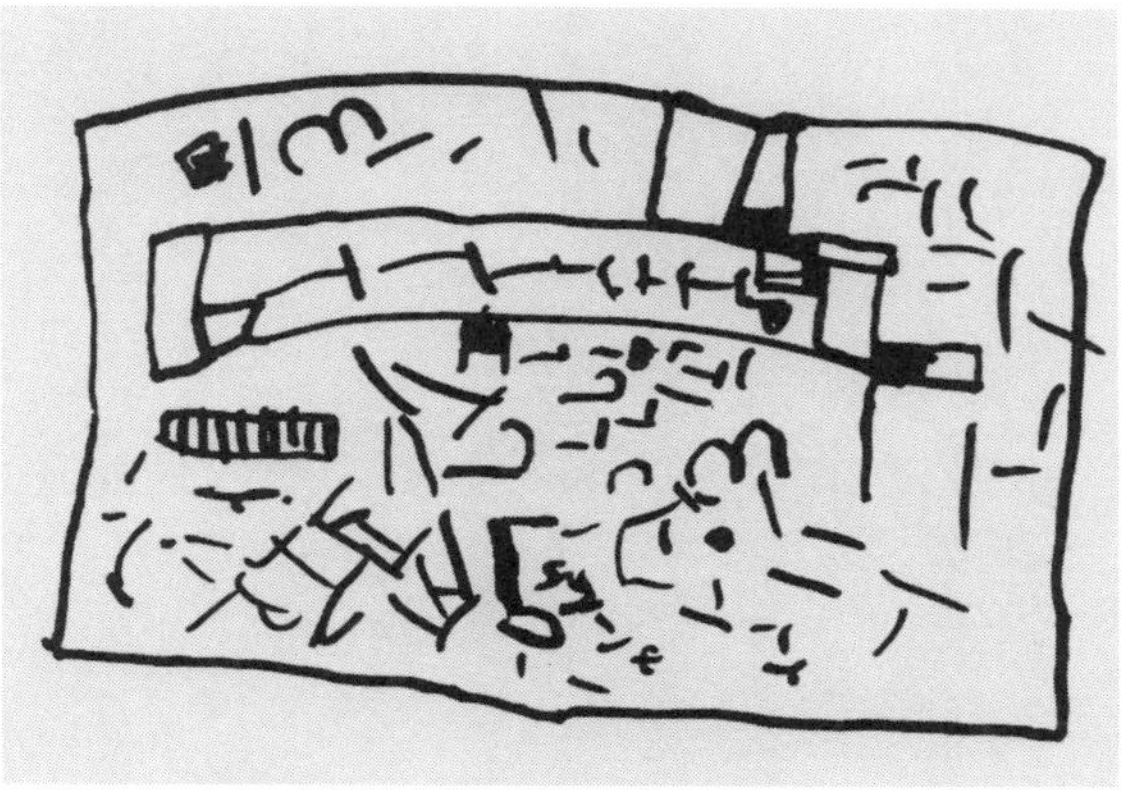

[図21]　早期文字教育を施されている子の絵

また、車ばかり書いて、人間を描こうとしない子どもや、三才ごろからもう文字が出てきて、漢字やローマ字など並べて書いて発達が大変遅れている子ども、言葉さえ出ていない子どもが相談に来るが、間違った早期教育をされた乳幼児期を取り戻すのには大変な努力と年月を要する。（図21）

[図22] おねしょを気にする大人がいる子の絵（筆者画）

このように、絵の四角などを主として茶色で塗りつぶす子ども（図22）、せっかく描いた人間をも塗りつぶそうとする子どもは、汚れを嫌う大人がまわりにいて口やかましくいわれることに不快感を表しており、特に四隅を茶色で塗りつぶす子どもは全国共通に、〝おねしょ〟を気にしている大人が家庭にいるときに描くのが、不思議である。

おねしょは子どもの責任ではなく、五、六才…十才を過ぎても気にせず、健康のための食事や遊び、薄着などで自然に治っていっていることは、私たちの園で多くの実例がある。

幼児にみるこころ・脳の発達 ―― 意欲・運動・睡眠

昨年（二〇〇六年）の暮れ十二月十八日、東京の国際文化会館において、「財団法人・生存科学研究所」主催の「こころ・脳と教育」研究シンポジウムが行われた。内容は〝意欲・運動・睡眠の発達過程と相互関連―幼児期のロコモーション（這《は》い這《は》い）に関する新たな視点―〟ということで、この本に序文を寄せてくださった、小泉英明《ひであき》博士が、開会の挨拶と趣旨説明をされた。

私はその会の、著名な学者の方々の末席で、〝幼児に見る「這い這い」と脳の発達〟という題で、映像を示しながら話をした。

私は残念ながら現在はもう職場から離れているので、いま、もっとも熱心に実践してくれている沖縄の六つの保育園の子どもたちに「両生類のハイハイ」を実際にしてもらって、その映像と、その子どもたちの描いた絵を用いて発表したいと考え、沖縄に飛んだ。

そのとき、夜行われる、六カ園の園長たちの打ち合わせ会の前に「ぜひ、寄って見ていただきたい。」と、私たちの姉妹園である〝あおぞら第2保育園〟に連れて行かれた。そこは、最近園児が集まらなくなって閉じてしまった元・村立の保育所を〝あおぞら保育園〟の園長の娘さんが任され、引き受けてやっているところであった。

表通りに面した入り口の脇には、大きいガソリンスタンドが建ち、ひっきりなしに大型トラックなど、車が出入りしているのである。

私は、つつましく建てられている、元・村立、現・あおぞら第2保育園に上がって中を見せてもらった。

壁に、園児たちの絵が貼ってあった。

驚いたのである。

年長児の絵は、あおぞら保育園に二十三年勤めていた保育者が受け持っていた子なので、「まあまあ」のところであったが、その他の年齢の子は、若い保育者たちが着任したばかりだったので、「見るも哀れ」という発達状態なのだ。

私はその後、園舎の裏側の廊下に出てみた。

すると、表と違ってなんとすばらしい風景であったことか。

見渡す限りの、サトウキビ畑であった。

ちょうど西に太陽がかかり、なんともいえない沖縄の美しい景色である。

あおぞら保育園の園長、仲原りつ子さんに聞くと、土地の所有者は、いずれそのサトウキビ畑を売ってもよいと言っているという。

私はうれしくなった。

サトウキビ畑を三方の囲いに遊ぶ子どもたちの、幸せの展望が見えてきたからである。

いままでの園の入り口、ガソリンスタンド側は、駐車場にでもすればよい。

そうと決まって心は弾み、明日からの研究会をどうするかの相談に、明るい気持ちで出席することができたのである。

その相談会で、このたびの〝心・脳と教育〟の研究シンポジウムで、〝幼児に見る「這い這い」と脳の発達〟という題で発表することになった旨を、六カ園の園長たちに話し、協力してもらいたいとお願いした。また、「両生類のハイハイ」の様子を映像に取り上げた、子どもたちの絵を写真に撮らせてほしい、ともお願いした。


いよいよ東京でのシンポジウムの当日である。

私は、沖縄の姉妹園の年長児の「両生類のハイハイ」運動と、その子どもたちの描いた絵、また、ぜんぜん「両生類のハイハイ」運動をしてこなかった他園の子どもたちの絵を、比較して見てもらったのである。

すると、子どもたちの脳の発達ぶりは、ひとめでわかったようであった。

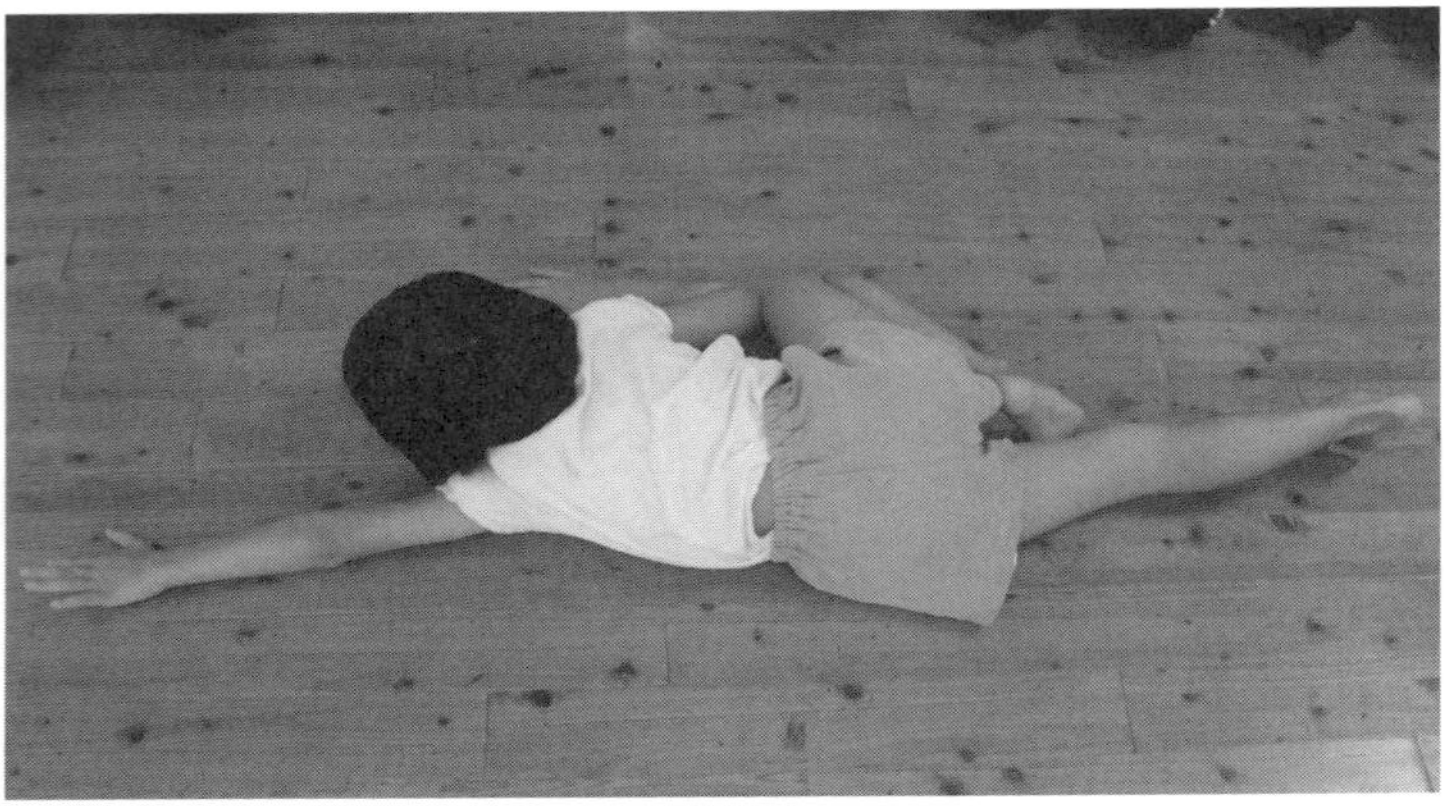

6才3ヶ月（4年7ヶ月
保育）

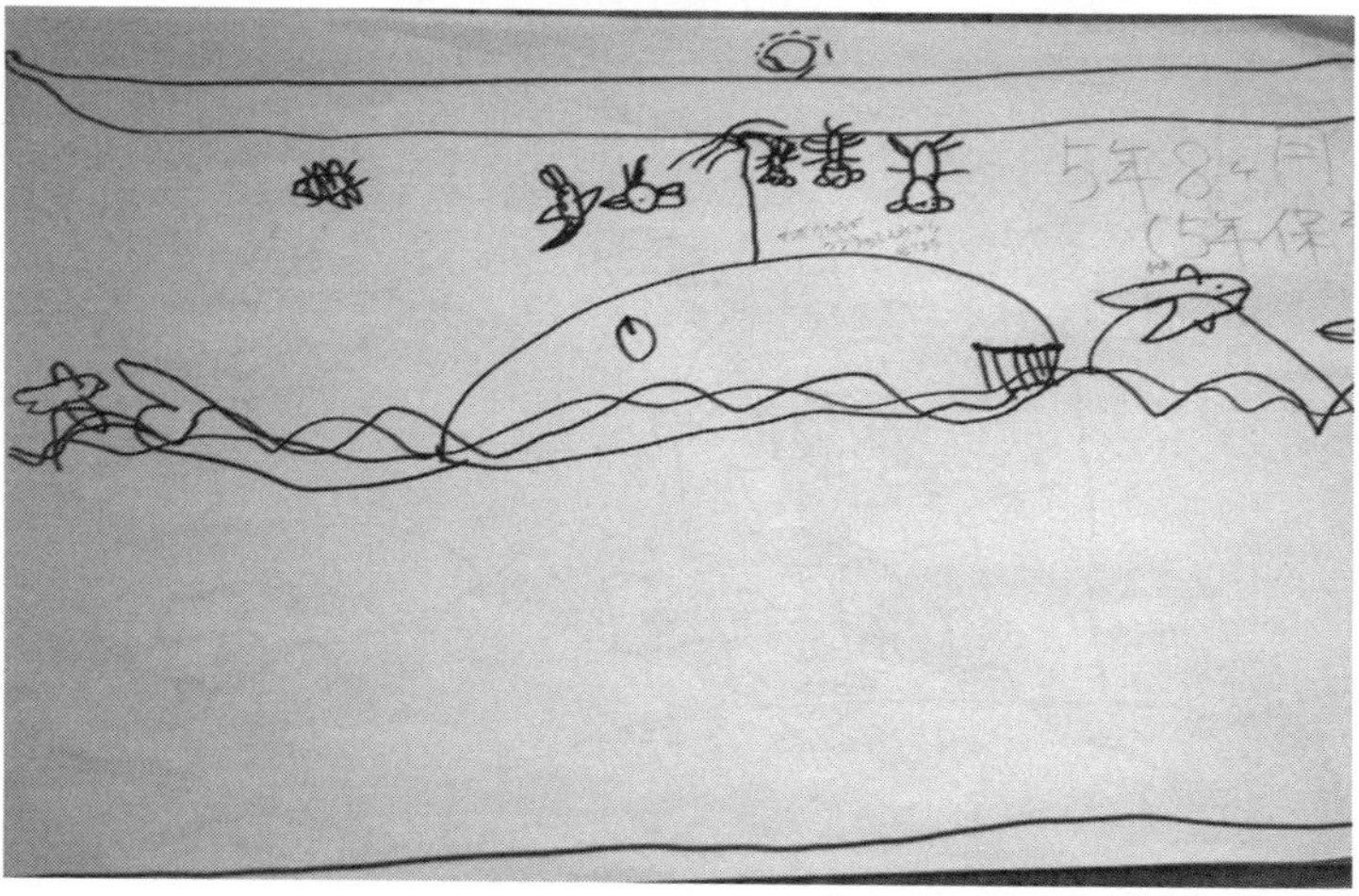
5年8ヶ月

次の絵は、ぜんぜん「両生類のハイハイ」運動をしてこなかった他園の子どもたちの絵（同年齢）である。

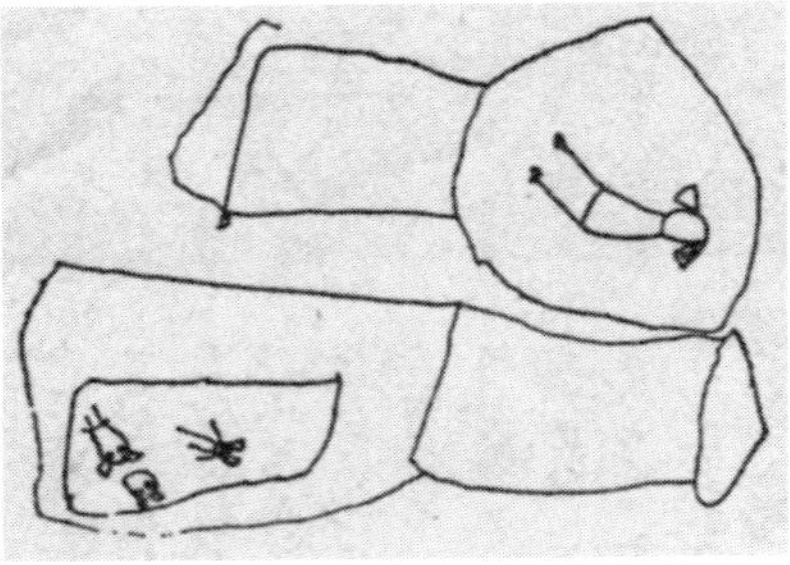

生存科学研究所の会の終了後、発表者の方々全員が、口々に私たちの姉妹園の子どもたちが描いた絵の素晴らしさを私に話してくださった。

その後、何日たってからであろうか、沖縄から"あおぞら第2保育園"の職員たちが、埼玉県の深谷市に住む私を訪ねてきたのである。

私は、はるばる訪ねてくる彼女たちを待って、玄関の前に出ていた。彼女たちは部屋に入って生きいきと園児たちが見事に発達をとげてゆく喜びを語った。

彼女たちが帰るとき、私は駅に送った。そのとき、私が、長い長いエスカレーターで上る深谷の駅の下から、みんなが上りきるまで見送った。

後に沖縄の彼女たちが、このことに大変感動した旨、手紙に書いてくれ、それとともに、あおぞら第２保育園の現在の絵を送ってくれたのである。

その絵を、つぎに紹介しよう。

上段の絵は、下段の絵を描いた子が村立の保育園から移ってきたばかりのときの絵である。わずか一年半の保育で、かくもめざましい発達を遂げるものなのである。

彼女らが、いま、どんな喜びで毎日の保育にあたっているかが、読み取れた。

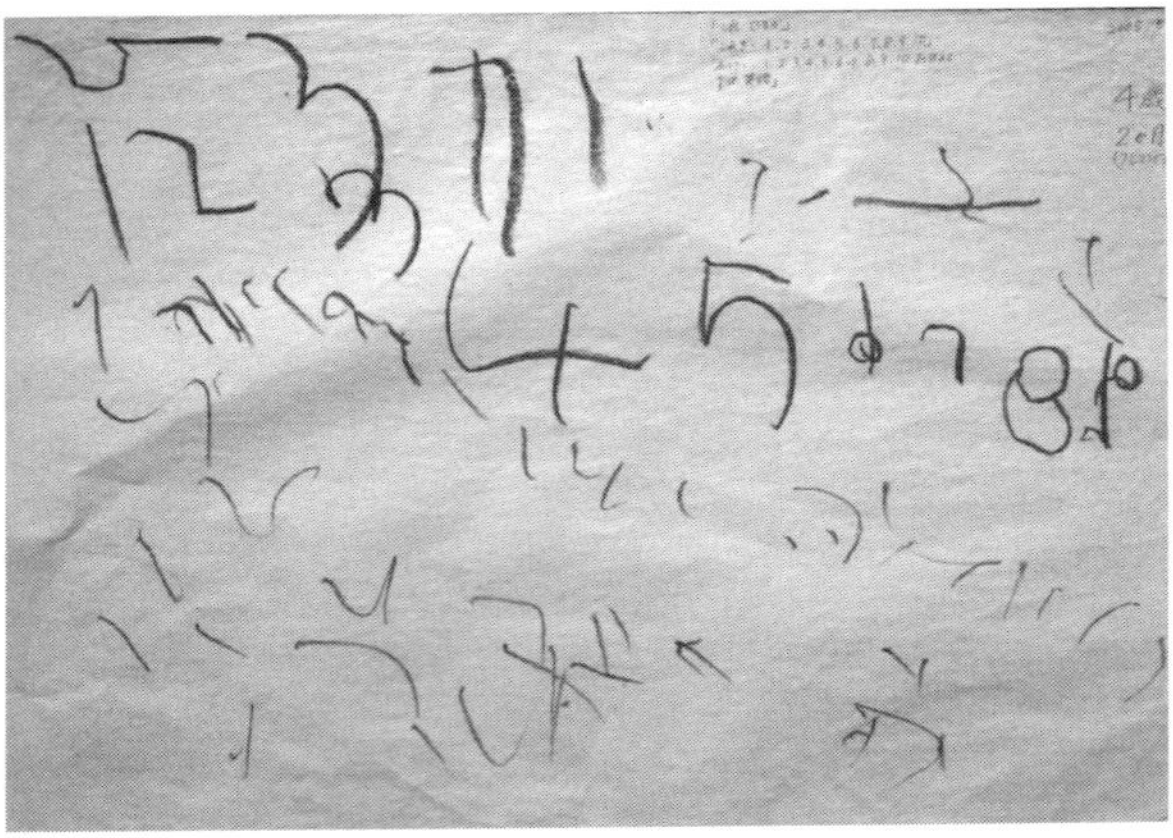

A子　4才7ヶ月（入園当時の絵）

A子　6才11ヶ月（卒園期の絵 水彩画）

B雄　4才3ヶ月（入園当時の絵）

B雄　6才0ヶ月（卒園期の絵 水彩画）

C雄　4才9ヶ月（入園当時の絵）

C雄　6才9ヶ月（卒園期の絵 水彩画）

私は五十年近い保育者生活の中、全国をまわって子どもたちの描く絵を観てきて、子どもが形だけでなく、その色でおとなたちに訴えていることがわかった。

しかし、安易にそのことを親たちに伝えると、逆効果にもなりかねないので、この本には、それ以上のことは書くことができないことを、お許し願いたい。

「この色から、子どものこんな心がわかる」などと教えてしまうと、その色を隠してしまう人もいるのだ。

なんの押し付けも、なんの禁止もなく、まったく子どもの自由な気持ちで絵を描かせ、そして色を選ばせ、どの絵も喜び、評価することが大切なのである。

第三章　幼少期に影響を与えた父・母

―隠岐《おき》の歴史と伝統のなかで

隠岐《おき》生まれの母に育てられて

ふりかえれば、私は戦前の保育者養成の最高学府であった"東京女子高等師範学校保育実習科"に入学し、天皇・皇后にご進講していた倉橋惣三（一八八二〜一九五五年　児童心理学者）という著名な方から直接学んだ。

とはいえ、やはり今日の私の育ちに決定的な影響を与えたのは私の母、そして父であると、しみじみ思うのだ。

母は、自分が生まれ育った島根県隠岐《おき》の島では、最初の女訓導《くんどう》であった。

隠岐という島は、むかし、柿本人麻呂《かきのもとのひとまろ》の息子で、たいへんすぐれた学者であった「柿本躬都良《かきのもとのみつら》」をはじめ、「小野篁《おののたかむら》」（書の名人）「後鳥羽上皇《ごとばじょうこう》」「後醍醐天皇《ごだいごてんのう》」が流された島として有名であるが、島民は、これらの人たちや、その人につき従ってきた大勢の随臣たちに、土地や食べ物を保障し、その代わり多くの学問を得たという。

敗戦後、アメリカ合衆国からマッカーサーが日本に来たとき、カナダ大使として同行してきた歴史学者ハーバード・ノーマン氏（戦前、反戦運動をしたため、投獄されていた人たちを自ら訪ね、解放に力を貸した人である）は、”ノーマン全集“の中に、こう記している。

「――日本人民は、幕府が倒されて、まっすぐに立ち上がり、酔うような自由の空気を吸ったかと思うのもつかの間、たちまち新たな収奪と租税の重荷を負わされた。人民の社会的、政治的自由の、相対的な前進も、まもなく徹底的に阻まれてしまった。この傾向を部分的ながら表している一つの注目すべき例は、示唆《しさ》に富んでいる。

私の母　斎藤 テイ

　維新の前夜にあたって、隠岐の島（幕府の管轄下に置かれ、譜代大名で徳川親藩の松江侯が統治していた）に一揆が起こり、徳川の役人を追い出し、原始的な自治政府をたて、人民集会を設けて訴願を聞き、簡単な裁判を行った。この事件について書いている年代記の言葉によれば、「幕政ここに絶える」に至った。

　人民は、隠岐の傍《そば》の本土で官軍を率いて徳川軍と戦っていた、青年西園寺（故公爵西園寺公望《さいおんじきんもち》）の軍隊を心から歓迎した。隠岐島民がこのように官軍にすすんで協力したにもかかわらず、維新後間もなく中央政府から派遣された役人の多くは、わずか前に追い出されたばかりの同じ役人であり、しかも有力な兵士の一隊を連れてきたのであった。激しい闘争の後に、この人民の自治を打ち立てる試みは鎮圧された。云々…」

と、書いている。

しかし、永らく〝隠岐《おき》騒動《そうどう》〟と呼ばれていたこの事件について、最近、見直す知識人たちが多く〝隠岐コンミューン〟と呼ぶ人も出て、これは〝パリ・コンミューン〟よりも早い時期のものだと、隠岐島民を称える学者が出てきているというのだ。

私も、隠岐に数年前に行ってみたが、島民は等しく土地を分け、山林は島民の共有であり、どの山に行っても枯れ木なら誰が切ってもよく、山菜も取り放題であるし、海でも、誰がどんな魚を獲っても、自分の家に持ち帰ってよく、また、牢屋《ろうや》がないのは嬉しいことであった。牢屋の件はバスガイドさんから聞いた。

そして、母のごく近い先祖も、隠岐の人民政府の一員に入っていたのである。

この人たちの家訓は、「男は百姓　女は学問」と言っていたとか。したがって、母も、その妹も、明治の時代に本土に渡り、女教員となっていた。

当時の小学校は四年生までで、あとの二年は高等部となり、部落ごとにはなく、希望するものだけが、大きな部落にある高等部に通うのであった。

母の家は、やや高地にあったため、その地の学校を卒業すると、下の大きい部落の高等部に通うため、朝・昼・夜と三食の握り飯を風呂敷に包み、斜めに背負って、朝はまだ星を背に山を下り、途中で朝食をとり、学校に行き、夕方は星を目当てに山の上の家に向かって歩き、途中、夕飯を食べて、ようやく家に着く、という二年間を経た。

私の父　斎藤 信治

母はその後、本土に渡り、女子師範学校に四年間学んだ。

当時は、女子高等師範学校はまだなく、母の師範学校卒業の年、奈良に女子高等師範学校が初めてできた。母は数学が得意であったため、理科に推薦入学を薦められたが、貧しい百姓の生活の中、すぐ下の妹も本土の学校に入学させている両親のことを考え、学校側の勧めを断り、隠岐に帰り、隠岐で最初の女訓導《おんなくんどう》として教壇に立ったという。

その四年あとに、私の父が助訓導《じょくんどう》として母と同じ学校に就職している。

父は無事に育つかどうかと危ぶまれるほどの未熟児として生まれ、父の母はそのときに亡くなり、祖母がその小さい赤子を、裸のまま自分の懐《ふところ》にいれて暖め、下に落ちないように常に身八つ口《みやぐち》（着物の脇にあいている隙間）のところから自分の手を中に入れて、抱いて育てたという。

私たちが小学生のころ、家の大掃除の手伝いを毎年していた。縁側に雨戸を斜めに立てかけて、大事にしまってある本の虫干しなどをさせられ、時折、ページを繰るなどして、陽をあてていた。そのとき、母が仏壇の引き出しから大事そうに出してきて干したのは、何枚もの木綿の生地を縫い合わせて作った、人形が着るほどのちいさい、ちいさい袷《あわせ》の着物であった。

はじめて見たとき、私は驚いて「おかあさん、それ誰の着物？」と聞いた。

すると母は「お父さんが生まれたとき着たものだよ。」と言った。

「どうしてそんなに小さいの？」

「なんで何枚もの布で縫ってあるの？」

と聞いたが、母はたいへん忙しかったせいか、「間に合わなかったからだよ」としか言わなかった。それで後に父が病で寝ているとき、私が父の小さい着物のことを聞いたところ、こう話してくれた。

「あまり早く生まれたので、とても小さくて育たないだろう、と言われたが、『親戚みんなが生地を持ち寄って作った着物を着せれば育つ』と言う人がいて、みんな持ち寄って合わせて縫った着物なんだよ。」と言うのである。

嗚呼《ああ》――、父の実の母親は亡くなってしまったが、祖母をはじめ、大勢の親戚の愛の中で育ったのだ、ということがしみじみ判ったのであった。

近代医学は、「保育器で育つより、人肌のぬくもりの中で育てる方が良い。」と言いはじめているではないか。

幼少期にはまず、健康なからだを育てる

さて、母は二十八才、父は二十四才で結婚した。

母は、父が持っている芸術的才能をもっと伸ばしてやりたいと考えて、上京の決意をしたのである。それで父は「蔵前《くらまえ》の高等工芸学校」に入学し、母は阿佐ヶ谷の小学校教師として働きはじめたという。

四年後に父は学校を卒業すると、富山県高岡市の高等工芸学校の教師として勤めることになり、母は教師を辞めた。

私は三番目の女の子で一九二〇年に富山県で生まれている。

しかし、父の希望でその後上京。父は特許局に勤め、帝国製麻株式会社の嘱託もやり、

家は東京池上の「本門寺」近くの借家に住んだ。

このころの東京は子どもの伝染病がはやり、小児科医も少なく、私の次に生まれた女の子は、脳膜炎で命を落としてしまった。そのときの両親の嘆きは計り知れない。まもなく三女の私も病となり、二度、目黒の伝染病研究所に入院したのだが、退院してきたとき、家の障子《しょうじ》に梅の花が映《うつ》っていたことを今でも覚えている。

小学校入学を前にした二月のことであった。

母は言った。

「公子！学校には行かなくていいよ。ゆっくり寝ていなさい。」

この、母の考えは、今にして思えば実に正しいことであった。

私はあたたかい春になってくると元気になって、もう布団はいらなくなり、日曜日は姉たちについて下の原っぱに行き、れんげ草を摘み、縄跳びの縄を編むことを覚えた。

そのころは普通小学校を六年終えると、高等部というのがその後に二年あった。

大家さんの男の子は高等部二年生で、そこらの子たちのガキ大将であり、近所の子どもたちを引き連れて坂を登り、”亀の子山“と呼んでいる小山で、みんな遊んだ。この名前の由来は、周りに笹がいっぱい生えており、子どもたちはその芽を摘み取り〝亀の子〟を作って遊ぶのが大好きであったから、という。

ガキ大将の男の子は、太くて長い縄を持ってきて小山の上の樹に縛り、縄の先端を下まで下ろし、小山の側面に足をかける穴を下から上まで掘っておいて、一人ずつ縄をもって上まで登れるようにしてくれた。このあとは、子どもたちのもっとも喜んだ、〝小山からの滑り降り〟であった。

パンツは、泥山を滑り降りるので、いくら母が洗っても色は赤茶けたままであった。

母は、ひとつも怒らなかった。

そのころ、母のお産のため、家政婦のおばさんが泊まっていた。このおばさんの頭の上に丸い、毛のない部分があったので（日本髪を結うとできるという）、六才の私は「おばさん！どうして頭の上に毛のないところがあるの？」と聞いたところ、「お嬢ちゃんがあんまりパンツを汚してくるので、洗っても落ちないからなんですよ。」と言った。

そばで母は笑っていた。

この〝小山滑《すべ》りのあそび〟は、いま、「さくら・さくらんぼ・第二さくら保育園」の庭に生かされている。庭にトラックで何台もの土を運んで小山を作ってあるのだ。

私は半年もたつと病も癒《い》え、元気が出てきて、亀の子山の反対側の坂道をおりて、松の木がある小山に行き、松かさを拾ってきては母に渡すと
「ありがたいね、お風呂の焚《た》きつけになるよ。」

と喜んでくれた。

これは、今考えると、山の上り下りは足を鍛えるのに、たいへん役にたつと、母は思ってのことであったろう。

そのうち、下に生まれた子を私に背負わせ、風呂敷をもたせて
「公子、坂を下りて左に行くと八百屋さんがあるから、この風呂敷でジャガイモを買ってきておくれ。」

私は喜んでおつかいに行き、坂道を子どもを負ぶったまま、重たいものを運ぶ、という仕事をやったのである。

母は文字教育を急がず、私の足腰を鍛えるということを、まず、知らず知らずのうちにやってくれていたのである。

いま、乳幼児の保育を長いことやってきた私にとって、まことに頭が下がる育て方であった、と、思われるのだ。

また、腕の力もつけようと思ったのであろう。母は、毎日お天気さえよければ、家族全員の敷布団を干すのを日課としていたので、夕方になると

「公子!手伝っておくれ。」

と、言い、縁側《えんがわ》から奥の押入れまで、一枚ずつ運ばせるのであった。

母はその度に

「ありがとうよ、公子が手伝ってくれるので本当に助かるよ。」

と、ほめてくれた。

ある日、私が下の子を負ぶって買い物に行こうと歩いているとき、パッタリと学校の先生に出会った。たぶん二人の姉のどちらかを担任したことのある人であったのだろう。

「あら!あなたは斎藤さんの家の子どもさんでしょう?学校に入るはずじゃなかった?」

と言われたので

「あのね、わたしね、子守りになるの。」

と、答えた。

先生はさっそく家に来て、母に〝義務教育違反〟であると言ったという。

母はやむを得ず、一年生の三学期から私を東京の池上小学校へ入学させた。

一字も教えられず、一言も勉強のことは言われず、学校に行った私は、ただびっくりして椅子に座っていた。

宿題という言葉も知らず、私も宿題をして行かなかった子どもと一緒に、みんなの前に立たされていた。心配した二人の姉が、そおっと教室をのぞきに来て、前に立たされている私を見て、家に帰ると、

「おかあさん、きみちゃんはみんなの前に立たされていたのよ。」

と、報告した。

母はやさしく私に言った。

「どうしてだね?」

「シュクダイ、っていうのをやっていかなかったから。」と答えると、母は

「いいんだよ、いいんだよ。」

と、笑っていた。

学校の先生は、私が一向に勉強ということに興味を示さないので、クラスのなかに一人、頭の髪の毛に一度も櫛の入ったことのないような子どもがいて、ちょいちょいおもらしをするので、その子の隣に私の席を移して、おもらしをしたら取り替えてやる仕事を、私にやらせた。私は喜んでやった。

あるとき、パンツの着替えがもうなくなってしまったとき、先生は私に、その子の家にもらいに行ってほしい、と、家のあり場所を教えてくれた。私は喜んでその使いをした。二人の姉は、しばしば廊下から、教室の中の様子をのぞいていたようであった。

ある日、一家で夕食をしているとき、姉の一人が「きみちゃん！あんたのクラスで、いちばんできる人、だぁれ？」と聞いたのである。

すると私は「そりゃあ、わたしさ！」とはっきり言ったので、みんな大笑いし、それから家では、「そりゃあ、わたしさ！」が、私のあだ名になった。

食で治し、食で育つ

母は、いい加減の教師ではなかった。

第二次世界大戦の直前、私が強制引き上げでインドネシアから帰国したとき、実家は仙台から大阪に移っていた。父の転勤のためである。

そのとき、斎藤家のただ一人の男の子である弟は、腰椎カリエスを罹《わずら》っていたのであった。

両親は、その当時、その道の最高権威であった、ある大学の付属医学部に弟を連れて行き、治療を頼んだ。ところが、その医師でさえ「治療の方法がない」と、匙《さじ》をなげられてしまったというのである。そこで、母はみずから和歌山県の農家に行き、もち米の玄米を購入した。そしてそれを炒《い》ると、もち米は皮がはじけ、中身が外に出て花のようになるのを、小さい金属の臼でトントンと突いて粉にし、それを湯で練ったものを主食とした。あとは野菜類を煮て食べさせた。

幸い、広い花畑の中の一軒家であったので、二階のベランダにベッドを出して寝かせ、よく日光浴をさせ、タオルで毎日全身の皮膚摩擦を行って身体を鍛えた。するとついに、結核菌で腰から出ていた膿《うみ》も止まり、私がインドネシアから引き上げて両親の家に着いたときが、弟がはじめて風呂に入れる日であった。

その後、弟は〝たわし〟に紐《ひも》をつけて全身の皮膚摩擦をするほどになっていった。そして中学校の三年生で発病したが、治って学校に復帰、卒業にこぎつけ、京都の三高に入学したのである。

弟は現在八十一才であるが、すこしも身体は曲がらず、元気である。

母のこのような治療法で腰椎カリエスを治した人が、ほかに何人ぐらいいるであろうか。

さて、私たち姉弟の小さいとき、母は絶対に外食をさせず、家に白砂糖は置かなかった。月一回、黒砂糖の専門店にお菓子を買いに行かされたことを思い出す。

母は、子どもたちの歯の美しさを得意にしていたのに、私が三年近くジャワ島に行っていたとき、毎日コップに三分の一ぐらいの白砂糖を入れてコーヒーを飲む習慣があったため、大切な前歯の二本をダメにして帰国したときの母の嘆きは大きかった。

敗戦直前、隠岐の母の兄の家に、私と子どもは疎開したが、そのときは驚いた。叔父の家族は「箱膳」というものを一人ひとりが持っていて、その中に自分の食器、箸などを入れておき、食事の後は洗わず、銘々の箱膳に納めてしまうのである。そして誰にも虫歯はなく、母の父は「百じいさん」と呼ばれ、慕われていたそうだ。母の兄は八十九才ほどであったか、畑を耕し終わると、布団に入って自然に亡くなったという。

もちろん、隠岐ではどこの家でも白砂糖は食べず、母が本土の女子師範に入って一番困ったことは、白砂糖のもち餡《あん》がおやつに出たときであったという。母は食べず、塩あんの店を探したという。

また、私が気付いたことは、隠岐には蠅が一匹もいないことであった。

私は疎開して叔父の家に行き、真っ先に少し困ったことは、五右衛門風呂に子どもを抱いて入ることであった。しかしこれは割りと早く慣れた。

さて、このお風呂から出るとき、風呂水はかならず底の栓を抜いて中のお湯を流しておくようにといわれた。このお湯は、大きな肥やし溜めに入ってゆくのである。

このわけは、『若月俊一著作集』（労働旬報社）の第二巻を読み、よくわかった。

それは、肥溜《こえ》めに洗い水、風呂の落とし水を混ぜると、ほとんどの虫の卵は死んでしまうというのである。

隠岐の島の各家は、みなこの方法を用いていたので、島中に蠅はいなかった。

さて、私が深谷に来て最初に育てた子どもの一人は、歯科医師になってくれていて、毎年子どもたちの歯の検査に来てくれていたが、乳児期から入園している子どもたちの歯には虫歯がないのに感心しておられた。これは、お昼の食事の味付けはもちろん、おやつもよその保育園とは違うからである。

おやつに菓子類は使わない。

にんじんとかセロリとかきゅうりなどを子どもに持たせて食べさせたり、天日干しのスルメなどをかじらせるのである。

お米も東北地方から無農薬の米を買って四分づきで食べさせている。

煮干を焼いたものも、おやつにする。

保育園に肥満の子は、ひとりもいないし、アトピー性皮膚炎も、いつの間にか治っている。

こういう方法は、みんな私が受けた家庭教育から学んだものである。

私の小さいときは、玄米を混ぜた胚芽米《はいがまい》が主食であった。

あるとき、保育中に子どもが藪《やぶ》に入るのを「蚊がいるもん…」と言って嫌がったので、母親に聞いてみると、「おじいさん、おばあさんと一緒なので朝晩の食事には白米を炊《た》いています。」とのこと。「家族で話し合いをします。」と言ってくれた。

〝みんなの保育大学シリーズ〟(築地書館)の中の『足の話』を書かれた京都大学霊長類研究所・初代所長の近藤四郎先生が、さくら・さくらんぼ保育園の運動会を観に来てくださったことがある。

「子どもたちの足には、どの子も虫に刺された跡がありませんでしたね。若い職員の方たちには、何人か、虫に刺された跡が見えましたが…。」と言われた。

さすが目のつけどころが違うと、感心させられたことがある。

たぶん若い保育者はそれまで、白米のみを食していたのであろう。

まえに、大きい子のクラスにはじめて入園してきた子がいた。いつものように子どもたちは、藪《やぶ》の中であろうが、草原の中であろうが、たくましく入って遊んだ。ところが、はじめて入園した子どもの頭に蚊が集中して刺してしまってかわいそうであった。

白米ばかり食していたのである。どうして蚊は、白米ばかり食している子の血を好むのか？四分づきのお米を食している子どもの血は吸いたがらないのか、これは蚊に聞かないとわからないが、たしかに今、私は半分玄米を混ぜたご飯にしているが、蚊はやってこない。

幼い大切な子どもを預かる仕事をするものたちには、学ぶことがいっぱいあるのだ。

母の語り聞かせ

母は、よく朝の忙しい仕事が終わると、毎日「公子！ここへおいで。お話をしてあげよう。」と言ってくれていたので、毎日、ちょっとでも母に暇がありそうなときは、「お母さん！お話してー」とせがんだ。

最初は、よくある継子《ままこ》いじめの童話をしてくれた。私は、継子が継母《ままはは》にいじめられて死ぬと、声をあげて泣いた。そして母に言うのであった。

「ねえ、お母さん！その子、天国で生き返ったんでしょう？」

すると母は、「そうだよ公子。天国で生き返って、ほんとうのお母さんに会えたんだよ。」

すると私は泣き止んだのである。

次の日も、私はまた同じ話を母にねだった。

同じように泣き、母の同じ答えで泣き止んだ。ふたりの姉は笑っていた。

私が二年になっても同じく、「お母さんお話して！」が止まらなかった。


そのうち、母は自分が小学校の先生をしていたときの話をしだした。

――小学校に赤ちゃんをおんぶしてくる子どもがいてね。お母さんはかわいそうだから、降ろしてお母さんのそばで遊ばせようと思ったら、赤ちゃんは裸だったんだよ。だからお母さんは大急ぎで、次のお休みの時間にお母さんの襦袢《じゅばん》を脱いで、休み時間の間に赤ちゃんの一つ身の着物を縫《ぬ》って着せて遊ばせたんだよ。

また、赤ちゃんを負ぶった子守さんが窓から覗いているから、「中にお入り。」と言って、子守さんも勉強できるようにしてやったんだよ。

あるとき、校長先生に呼ばれて行ったら、「この子どもは村の偉い人の子どもだから、通信簿の〝乙〟を〝甲〟に直しなさい。」と、言われたから「それはできません。」と言ったら、他の学校に行かされてしまったんだよ。そのときはどの子も、みんな峠の上までお母さんを送ってきてくれて、オーイ、オーイ、と泣いていたよ。と、話してくれた。

こういう話は、いつまでも私に残っていて、知らず知らずのうちに、私に影響を与えていたのである。

褒《ほ》めて育ててくれた父母

また、こんな話もしてくれた。「今日お母さんは、学校に行って、とっても嬉しかったよ。校長先生が姉さんのことを褒《ほ》めてくれたんだよ。〝玄関で靴を脱いだとき、あなたのお子さんひとりだけ、靴の向きを変えていましたよ〟と。」

私は、母の言葉を聴いただけで、これから私も、と思い、玄関の靴だけでなく、トイレのスリッパも向きを直すようになったのである。

私の家の決まりは、ひとつの大きい部屋に家族が足を付け合わせて、二列に東と西に頭を向け、足のところで布団が重なるようにして寝て、夜は九時になるとみんな電気は消されてしまい、朝は六時になると、さぁーっと縁側の戸が開けられて、みんな起きることであった。夜寝る時間は崩せないが、大きくなって勉強したい子は朝、三時でも四時でも、頼んでおけば母は起こしてくれていた。

そして朝の掃除当番を決めていたことである。

私は広い廊下の拭き掃除と、ふすまや障子の敷居を毎日きれいにすることであった。しかも大晦日《おおみそか》ぐらいは休みになるかと思ったが、やはりやらされたのである。

小学校二年の暮れに、父の転勤で仙台に移ったが、ここでもいったん引っ越してから、もっとも子どもたちにとって良い家を探して、落ち着くのであった。

今度は近くに山がなかったが、裏に木登りできる木が何本もあり、畑もあった。近くに山がなかったので、日曜ごとに一家は弁当を持って裏に広がる田んぼを囲む山の道をひとまわりするというのが慣わしとなった。母が、

「今日はお母さん、ちょっとお休みにしたいんだが…」

と言っても、私たちは
「だめー」「だめー」
と言って許さなかった。

父は途中スケッチをし、山の途中の〞楽焼き〟をしている方と親しくなり、父はそのスケッチを皿にしたのである。（グラビア参照）

そうそう、ここで父から学んだ大切なことを書いておこう。

私が三つになったばかりのころ、父が机に並べた野菜のスケッチをしていた。

そのとき、私は生まれて初めて
「わたしも絵を描く。」

と言って父のそばに行った。

父はすぐ私に上等の紙をくれ、やわらかい鉛筆を持たせてくれた。

私はカボチャを描いた。すると父は、

「お母さん！早く来なさい！」

と私の描いた絵を指し、

「お母さん！公子は天才だよ！」

と、大変喜んでいた。そして、

「お母さん、この絵は大切にしまっておきなさい。」

と言って、母にそれを渡した。その後、戦後になって私の二十五〜六才のころか、東京に落ち着いたころ、私は、ふと、このことを思い出して、

「お母さん、私がみっつのとき、初めて描いた絵をお父さんが『天才だよ』と褒めてくれた絵、まだあるかしら？」と聞いてみた。

私が三つというと、まだ東京にいて、それから小学二年生の冬に仙台に行き、そのあとに大阪に行き、その後隠岐で敗戦をむかえ、そして東京に、と、二十数年が経っているのである。

すると母はいとも簡単に「ありますよ。今見せましょうね。」と言うではないか。

私は驚きとともに、どんな絵だったのだろう、と、ドキドキした。

母が出してくれた絵を、私は見て驚いた。単なるちいさい丸であった。しかし、カボチャのギザギザを描いたのか、すこしギザギザがみえる丸なのである。

でも、子どもの絵をいつも見ている人なら、ちいさくてもきちっと線の合っている丸が描けるということは、子どもの発達上、大変なことなのだ、と知るであろう。

このときの「お母さん！公子は天才だよ！」と言って褒めてくれた父の言葉は、いつまでも私の頭にこびりつき、いつの間にか自分は天才の気分になっているのであった。

このことは、のちに保育者となった私に、大変大きい影響を与えた。

私は「天才」という言葉は使わないが、いつも子どもたちが「絵ができた！」と私に告げに来たときは、それは心から感動して褒める。だから、どの子も私に自分が描いた絵を見せたがる。

映画『さくらんぼ坊や　パート６』を撮影する年は、さくら・さくらんぼ・第二さくら・ふきのとう保育園を合わせると、年長児たちはちょうど百人になった。私は全職員を集めて、私がその子たち全員を一緒に保育したい、と提案した。

大反対に遭った。

その反対の理由は、と言うと、「自分たちは二十人くらいの子どもでも昼寝をさせるのが大変だから、百人などとんでもない。」というのであった。

だが、「私は、十数人の子どもたちだけを映画のために保育することはできない。どうか百人をいっしょにさせてほしい。」と頼み通した。

とうとう一人が、「そんなにやりたければ、やらせてみたら？」と言ったので、やっと年長児百人を受け持てることになった。

昼寝が始まったとき、私は静かにピアノを弾き、「からたちの花が咲いたよ…」と小さい声で歌った。そして毎日、ちがう童謡を静かに歌った。とうとう、二十分で全員寝るようになり、途中、撮影隊が来て、ライトで照らしても、カメラの大きな音がしても、誰ひとり目を覚まさないのに、みんな驚いた。

私はクラス便りなどは出さず、親から
「お母さん、あのね、今日ね…」

と、子どもが話したことを、書いて持たせてほしい、と親に頼んだ。

親は担任の先生宛にしようとしたが、子どもが、

「お母さん、サイトウ先生って書いて。」

と言うので、親が
「なぜ？」

と聞いたところ、

「だって担任の先生は、いつも僕の書いた絵をついでに褒《ほ》めていくんだもの。サイトウ

先生は、ほんとうに褒《ほ》めてくれるよ。」と、言ったという。

また、あるとき、隣の町から、兄弟を連れて保育の相談に来た人がいた。兄は小学校に入っていたが、弟は隣の町の保育園に入れたところ、「いつも友達をつねったり、叩いたりしていじめるので、やめてほしい。」と、言われてしまったと言うのである。

私は兄と弟を遊具のそばにおいて、園舎のところで相談を受けていたところ、まもなく「えーん！にいちゃんがー…」と、泣き声がする。するとお母さんはとんで行き「お兄ちゃん！弟をいじめちゃダメと言っているでしょう！」と、けわしい顔で怒って、私のところに来た。

するとすぐに「えーん！おかあちゃん！」と泣き声がする。

私は、なぜお兄ちゃんが弟をたびたびいじめるのかを聞いたところ、「先生、私は下の子を出産するとき、上の子をしばらく里子に出したんです。するともう、かわいくなくなってしまったんです。」と、言うではないか。

それで、理由がわかったので私はこう言った。

「下のお子さんの入園は、引き受けましょう。そして、あなたも入園して私の助手になって、いつも私のそばにいて下さい。」と言った。

お母さんは毎日弟をつれてきて、その子を年長組に預けると、私のところに来て、私の後についで園内をまわるようになった。

そのころは、まだ全体の人数が少なかったので、私は年齢の小さい子どもも、大きい子どもも、全体に目を配るようにしていた。

二才の子どもが絵を描き終わると、私は

「まあ、じょうず！すばらしいこと。」と言って褒めた。

三才の子どものところに行っても

「あら！すばらしい絵がかけたのねえ！」

と、大きな声をあげて、その絵を褒め、名前と日付を入れて戸棚にしまう。

毎日、「すばらしい！えらい！」と、連続で感嘆の声を放つ。

今まではしかめっ面のお母さんだったのに、私について歩いているうち、自分も「まあ！すばらしい！」と目を大きくあけて子どもを褒めるようになってしまった。

そのお母さんの子どもは、最初の何カ月かは、ただ、ぐちゃぐちゃのぬたくりの絵を描いていたのに、おかあさんの顔が変わってくると絵が変わりだし、最後の絵は『小鳩よはばたけ』という本の表紙になった『チポリーノの冒険』の絵を描いて卒園したのである。

この〝子どもを褒めて育てる〟と言うことの大切さは、父の「この子は天才だよ！」と言ったその感性のすばらしさ、これを私は父から受け継ぐことができたことを、心から感謝している。

やがて「そりゃあ、私さ！」がほんとうに

土曜日の夕方は、家で学芸会をやるようになり、お客は父と母の二人。

三人の子どもたちはそろって歌ったり踊ったり、それぞれの話をしたり、父と母は大変熱心に参加してくれ、毎回褒めてくれた。

姉が女学校に入り、少し恥ずかしそうになったりして、我が家での学芸会は、おしまいになった。

私はこのとき、姉から教わった〝流れ星〟の歌と遊戯が大好きであった。（次頁参照）

小学校二年生の二学期の末、日本で初めて国立の工芸指導所が仙台にでき、父はそこに勤務することになり、一家は仙台に移った。

母は東京のころからミシンを買い、私たちの洋服、カバン、草履袋《ぞうりぶくろ》、それぞれに合った麻地を買い、自分で仕立ててくれていた。

流れ星

『さくら・さくらんぼのリズムとうた』（群羊社）より抜粋

フランスの啓蒙思想家ジャン＝ジャック・ルソーが指摘したとおり、首や体を締め付けない、ゆったりとしたデザインで、三人そろいのものだった。カバンや草履袋には、父が三人それぞれに油絵の具で絵を描き、黒い雨傘にも、三人違った花模様の絵を描いてくれていた。

仙台の宮町通りの通学路は、朝は行列が続いていたが、雨の日、私たち三人が横丁から出てくると、しばらくの間、列が止まるくらい、みな驚いた様子で私たちを見ていた。

一番手前が私

私は小学校五年生までは毎月扁桃腺《へんとうせん》を腫《は》らし、学校で発熱すると、早退をして家で寝ていたので、勤めから帰ってきた父は、いつもがっかりしたようであった。

が、不思議と六年生になると全出席で、小学校卒業のときは、仙台市の小学校（付属小も入れて）の子どもの中で成績がいちばん良いとかで、市の公会堂で代表として卒業証書をもらった。

「そりゃあ、わたしさ！」と言ったことが本当になってしまった。

居残り勉強もせず〝宮城県立第一高女〟に入学。ここでも、二年生のときに全教科の平均点が九十五点（それまでの一番は九十四点の由。）この学校始まって以来の成績であるだけではなく、二年生のときは体操の選手で宮城県一位となり、三年、四年はバスケットの選手となり、キャプテンを勤《つと》めたのである。

あるとき、明治天皇の皇女である、たいへん頭がよいと言われた方が、女学校を観にいらしたことがあった。

生徒の優れた絵を貼っておいたという部屋に入られ、私の絵に大変注目されて、長く見ていらしたと聞き、またその後、先生から呼ばれ「斎藤さんの絵を差し上げましたから。」と、言われた。

そのとき、私がかしこまって喜ぶと思いきや、「えっ、あんな絵を?」とつぶやいて先生を驚かせてしまった。

一番上の姉もバスケットの選手で、神宮外苑（そのころの全国大会）にまで出場している。

そして二人の姉と私の三人とも、卒業の時には宮城県知事賞をもらったので、他の家庭からはうらやましがられたらしい。

母は、「お母さんは十年間、ひとつの着物で過ごしたが、おまえたちのおかげで、ちっとも恥ずかしくなく父母の会に出られたよ。本当にありがとう。」と、言ってくれた。

家族の知的な”だんらん“

姉たちが女学校に入ると、今度は土曜日の一家の遊びはいろいろと変わった。

”漢字の書き取り競争“というのがあった。

これは父も母も一緒にやるのであった。

「今日は、”たけかんむり“の日」とか、「今日は、”さんずい“の日」とか、いうのである。姉たちは、前もって漢字の辞書などを調べておいたりしていた。

隠岐《おき》の島

　また、弟が小学校の一年に入ったころ、”さんすうあそび“をやったのだ。

簡単な数の〝鶴亀算〟や〝垣根算〟などの問題を母が出すのであった。

こういう遊びのせいか、弟は数学がとても得意になった。


さて、その他の〝あそび〟は「五目並べ」。だんだん大きくなると「百人一首」の対抗試合であった。読み手はいつも母であった。

こうして、土曜日の夜を楽しく過ごしていた私であったが、女学校を卒業した後、一番上の姉が行った女子高等師範学校などは、〝つまらない〟と思いはじめた。そこで私は、上野の美術学校では女子を入学させてくれないので、友人の父親のアトリエが開放されていることを知り、卒業後は午前中そのアトリエでデッサンを学び、午後は、卒業した女学校のバスケット部のコーチとして通っていたのであった。


そのころ、女子高等師範学校に入っていた姉から手紙が来て、

「公子さん、女高師も堅苦しい科ばかりでなく、ピアノも弾けるし、歌も踊りもでき、子どもたちと遊べる、とてもうらやましい科があるのよ。」と書いてあるのであった。

〝保育実習科〟といい、履習期間は一年というのだ。

私は卒業した女学校に行き、女高師の保育実習科の入学要綱をもらい、試験科目を知った。

私は自宅で必要な勉強をし、翌年の春、無事に入学できた。全国から二十四人だけが入学を許されたのである。

「長いものに巻かれ」なかった私

保育実習科主事の倉橋惣三氏は、保育界にその名も高く、東京帝国大学を卒業した後、欧州に渡り、ペスタロッチ、その他、幼児教育について研究し、子どもは自然の中で豊かに遊ばせたい、と考え、女高師（女子高等師範学校）の付属幼稚園の主事となるや、当時は四才児、五才児の子どもがそれぞれ三クラスほどであったので、〝山〟、〝林〟、〝森〟、〝海〟、〝川〟、〝池〟とクラスに名前をつけ、庭には大きな築山を作り、木を植え、砂場は各クラスにひとつずつ。大型積み木も外で遊べるようにしていた。〝お集まり〟というのを無くし、大きいホールを使うのは、戸倉ハル女史の集団のリズム遊びをするときだけであった。（『さくら・さくらんぼのリズムとうた』にある、〝五色の玉〟が、それである。）

しかし、倉橋惣三氏は、天皇、皇后両陛下に、幼児教育について進講されていたとか。

私たちは、子どもを指差すこともいけない、と言われ、「お子様」「ごめんあそばせ」と言わされていたので、農村部から入学してきた友人は戸惑っていた。

一年は間もなく終わり、私は一人に一台ずつ与えられていたピアノを暇さえあれば弾いていたので、一年でかなり弾けるようになっていた。また、絵画の授業の時には、配色の美しさをたいへん褒められたことがあった。それは、父が麻地を作る会社の嘱託をしていたので、麻地の色見本のいらなくなったのを持ってきてくれて、それを観て育ったせいかもしれない。

しかし、一年というのはあまりにも短く、卒業式を迎えることになり、ひとりひとり、主事室に呼ばれ、〝辞令〟というものを渡される日が来た。一九三九年のことである。

私も主事室に呼ばれた。

かしこまって、天皇からのお言葉をいただくというのである。

盛岡市　師範付属幼稚園

初代　主任保母ニ任ズ

と、書いてあった。

当時は、日中戦争がもう始まっていて、東京には下町の方に、いくつもの孤児院があり、オムツもなく、着物の裾を後ろに吊り上げて、下半身はだかの小さい子どもが、破れ障子の桟《さん》をつかんでの伝え歩きをしていた。また、保育をしている人はほとんどが戦争未亡人であった様子を、私は日曜日に見て歩いたりして知っていたので、咄嗟《とっさ》に、

「お断りします。孤児院に行かせて下さい。」と言ったのであった。

倉橋氏は「斎藤さん、あなたは『長いものには巻かれろ』という言葉を、習わないできましたね。」と言われた。

まもなく二番目の姉が私を迎えに来た。

「天皇陛下のお言葉を断った者は、卒業式には出せないので、自宅に連れて帰るように。」

と、父が倉橋氏に言われたというのである。

「ただし、保母免許は役所に行ってもらうがよい。」というのであった。

私は役所に行き、免許をもらった。

さて、家ではたいへんであった。

なにしろ、そのころ女高師にイタリアのムッソリーニの使節団が来たときには、私たち

生徒はイタリア語でイタリアの国家を歌って迎えたり、ヒットラー・ユーゲントの少年たちが学校を訪れ、「ハイル・ヒットラー！」と、片手を斜めに挙げて行進すると、付属女学校の生徒たちは大騒ぎをして迎え、蒙古から来た弁髪姿の徳王まで学校に参観しにきて、全生徒が出迎えるという騒ぎの中である。

市電に乗っても、皇居のそばに来ると車掌が「起立っ！」と言うと、乗客全員が起立して「礼ーっ！」という掛け声とともに、いっせいに最敬礼をしていたときであった。

父はすぐ、私が卒業した宮城一女の校長のところに相談に行ったというのである。

校長は、作家・阿部次郎氏の、私よりも数年先輩の娘さんが反戦運動に関わったということで投獄されていたので（いわゆる四・一六事件）、たいへん気遣《きづか》い、ちょうど学校に結婚の申し入れが来ている蘭領ジャワ島（インドネシア）に行っている日本青年と会ってほしいと、言われたのであった。

東京から姉と仙台に帰った私は、その青年と二時間くらい会わされ、無理強いのように、ちょうど女高師の卒業式のその日、神戸から蘭領ジャワ島に向けて出港させられたのである。

母はこの青年が気に入った、と言った。

その理由は、彼は金持ちの家に生まれたが、東北の貧しい多くの人たちの生活を観て悩み、蘭領ジャワ島に行ったところ、ここではオランダの支配者と植民地にされたインドネシア人の、生活のあまりの違いに驚き、インドネシア人に対してたいへん同情心を持っていたからだと言う。また、柔道二段の立派な身体も気に入ったらしい。

しかし、三年ちょっとで蘭領ジャワ島の日本人の婦女子に強制引き揚げ命令が出、その年の十二月に真珠湾攻撃があった。残っていた男子も引き揚げの途中でそのことを知り、彼は日本に着くとすぐ徴用となり、通訳として蘭領ジャワ島に行かされたのである。

"遊ぶがまま"の私の子育て

私はジャワ島で生まれた息子を連れて神戸に着いたが、船内ではしかが流行《はや》り、息子も高熱の最中であったので、神戸からその頃、大阪に住んでいた母に電話をしたところ、母はすぐ、姉にタクシーで息子を先に連れて帰らせ、鯉の生き血を飲ませたりして息子の命を救ってくれたのであった。

私は引き揚げの手続きやら荷物の引取りなどで遅れて着いたとき、息子の熱は下がっていて、母の有難さが身に染みた。

次第に戦争は激化し、ついに〝東京大空襲〟があり、次に〝大阪大空襲〟となっていった。

母は幼い子どもを連れた私だけでも疎開を、と考え、隠岐にいる母の兄に相談した。すると「すぐに来い。」と言われ、私は子どもを連れ、姉に送られて、母のふるさと〝隠岐の国〟に疎開したのであった。

そのころは、島にも若い男はおらず、年寄りと女、子どもだけで、私は着くとすぐ、子どもを学校の臨時保育所に預け、麦踏み、田起こし、田植え、田の草取り、稲刈り、空臼《からうす》つき、海から塩を汲み、にがりをつくっての豆腐づくり、と、慣れぬ仕事であったが、たいへん良い勉強となった。

子どもは保育所からすぐに抜け出し、近所の子どもと山あいを駆け巡って毎日を過ごしたようだ。

これが息子にとってたいへん、後々のためになった。

入学の前の年で、これで体がしっかりとできたのであった。

一九四五年（昭和二十年）。敗戦の日は、隣組の組長の家のラジオで知った。やがて秋の祭りのころに、母と妹が迎えにきてくれて、やっと大阪に帰った。

そのころ、父の役所は、東京の池袋にあったために空襲で焼け、田園部の久我山の大きな工場の跡地に引っ越していた。その年の暮れ、ようやく私たち家族はいっしょに東京に落ち着くことができるようになった。

しかしこの間、長崎の原爆で一番上の姉と、幼いふたりの子どもが焼死してしまった。この衝撃は消え去ることはなく、特に私たちの母の悲しみは深く、のちに病に臥し、何度もの危篤状態を持ち直した末、亡骸《なきがら》の焼かれた日が、ちょうど八月九日の十一時であったことからも、母の気持ちを慮《おもんぱか》ることができよう。

さて、私たちが東京に落ち着いた頃、ちょうど息子の小学校入学を迎えた。

私は、着るものといえば、ずっと学校時代の黒い式服をモンペに仕立てたものが一着あるだけ。息子には、私の子どもの頃の毛糸でセーターを編んで着せ、ランドセルは在郷軍人のカバンに紐をつけて背負わせ、合羽のかわりにビニールの風呂敷の一隅を縫い合わせて頭にかぶれるようにしたものを持たせ、小学校へ連れて行った。

私は母に見習って息子には入学前に一字も教えず、また「勉強せよ。」とは一言も言わず、近所の子どもと遊ぶがままにした。

ただ、絵だけは妹のノートの残りをもらって鉛筆で描きたいままにさせた。子どもの絵はだんだんと緻密さを増し、私の父は仕事から帰って、息子の絵を見るのを楽しみにしていた。（いまここに、皆さんにお見せできないのが、まことに残念である。）

秋になって小学校の先生から、私に手紙が来て、「大変すばらしいお子さんなので、ぜひ息子さんのお母さんにお会いしたい。」というのである。

私は当時、父の役所内にできた〝玩具研究所〟で、動物のぬいぐるみの玩具をデザインし、作る仕事をしていたので、息子の運動会でも何でも、私の母（つまり息子の祖母）任せにしていたからである。

小学校の先生にお目にかかると、まず、絵がすばらしいことを告げられた。他の子に「描いて、描いてー」と言われると、どの子にも違う絵を描いてやるという。

息子は最初、文字を知らなかったが、今はもっともできる子になってしまったので、どんなお母さんかお会いしたい、と言うのであった。

保育者として生き、学ぶ日々に

それから間もなく音信の途絶えていた夫が抑留から解放され、帰国した。抑留される前に一緒に住んでいた高級慰安婦だった人からの手紙を見せてくれたり、正直なところはよかった。

が、私は新しい憲法ができて嬉しく、両親に話して了解を得、離婚を宣言したのである。

それから幾許《いくばく》たってからであろうか。私に元の夫から連絡があり、ジャワ島からの帰国者たちの開拓団ができたので、子どもを連れて会いに来てほしいと言うのであった。

私は夕方近く、やっと家を探し当てた。勧めに応じて中に入って話し合ったが、私はどうしても離婚を思いとどまれなかった。それで夫は私を殴り、〝すぐ帰れ〟と、外に出されてしまった。

子どもは窓のところにきて泣いていた。私は「きっと迎えに来るから。」と子どもに声をかけて泣き泣き家に帰り、両親に、一緒に迎えに行ってくれと頼んだ。

が、まもなく家に連絡があり、元の夫は子どもを連れて仙台に向かったと言うのである。

私は泣きに泣いた。

両親は私の両側に寝て、
母は「公子！子どもはかならずお前のところに帰ってくる。」と言った。

父は「公子！これからおまえの失った学問のときをとりもどせ！」というのであった。

ようやく夜が開け、私は両親の言葉をしっかりと胸に留め、働きつつ、学ぶようになった。

時折、滝のような涙が突然流れ出たことが二度ほどあったが、それからは涙を拭《ふ》き、どんなに貪欲《どんよく》に学んだことか。


私は保育者として生きた。

私は保育者として学んだ。


そして二十年後、父母たちの強い強い働きかけで、今まで拒み続けていた本を仕上げた。『あすを拓く子ら』（あゆみ出版）という、優れたプロのカメラマン川島浩氏との共著である。

いま、書棚から出してみて、よくこれほどの著名な方々のご推薦があったと、感動するばかりである。今から三十年前のことなので、若い方々はご覧になった方が少ないと思うので、ここにご推薦くださった方々のお言葉を当時のままにご紹介したい。

ここには日本を拓《ひら》く子どもがいる！

◇乾孝（法政大学教授）

斎藤さんのお仕事を知ってから、もう二十年以上もたつようです。駅から自転車の荷台に乗せられて到着した園で、印象に残ったのは、斎藤さんの熱意はもちろんですが、その他にお手製のみごとな布製動物たちの数々があります。自分が人形劇をやっていたために、多少興味がぬいぐるみの技術の方に偏ってしまったのはやむをえないところですが、園長手作りの美しいおもちゃを仲だちにして遊ぶことのできる子どもたちの幸せさは私にもわかりました。

その後、保問研の集会で、いくたびか〝さくらんぼ〟の実践をきき、またそこから巣立った保育者たちにもふれました。保育者を育て、保育所を増やしてきた斎藤さんのお仕事のスタイルは、誰にでも真似のできるものではないかもしれません。しかし、この本に載せられた子どもたちの作品や活動の写真は、多くの幼児教育関係者を、例外なしに勇気づけてくれるでしょう。

広く読まれることを願っています。

◇櫛田ふき（婦人団体連合会会長）

「コンクリートの箱の中で子どもを育てたくない」とすべての母親は思っています。太陽のじかに輝く自然のもとで、木や草や花や鳥、とんぼや蝶々、蟻まで友達にして、川のせせらぎ、草の葉のそよぎまでききわけられる自然の子として育てたら、きっと身も心ものびのびとした人柄の土台ができるだろうと人の親はみんな思うに違いありません。

〝さくら／さくらんぼ保育園〟はみごとに親の願いにこ

たえています。これは幸せな子どもの別天地ですけれど、なんらかのかたちでどこでもとりいれられるものがあると信じます。今日まで長い間園長さんは黙々と仕事に打ち込んでこられましたが、はじめてすばらしい成果を発表されました。

子どもは国の宝、明日の国の主人公です。

美しい未来のために保育の問題は重要です。日本中に否世界各国へもこの本をひろめたいとおもいます。

◇斎藤隆介（児童文学者）

もう十年にもなろうか、はじめて"さくら／さくらんぼ保育園"をたずねたときに驚いた。案内してくださった園長の公子先生が声をかける一人一人の子どもたちの家庭について実に良く知っていることだった。

さらに驚いたのは園のそばの自宅の前の広い桃とぶどうの畑は、子どもたちが自由に食べられるようにつくってあ

るのだということを知ったときだった。

わたしはいちばん好きなゴーリキーのことばを思い出した。

「…自分こそ世界の主人公だと感じ、世界のいっさいの幸福の継承者だと感じるよう、幼児を教育せねばならぬのです。……ただそのときのみにかれは、人間が自由に働き生きるのをさまたげるあらゆるものとたたかうことができるのです。」

そして子どもたちのかいた絵を見ていっそう驚きを深めた。それはインターナショナルな新鮮な感覚さえあり、真に解放された心をもつ子どもでなければかけないものだった。

公子先生は早い時期の「暮らしの手帳」に、楽しく充実した動物のぬいぐるみ人形を特集にくまれるようなひとであり、すぐれた音楽家・丸山亜季さんを子どもたちの音楽指導の先生としてむかえて、ともに新鮮な教育をおこなえ

るようなひらかれた心をもった教育者だ。

その実践のあとが、子どもたちの絵と、写真家・川島浩氏のカメラと、公子先生の貴重な記録でこのたび出版された。

一人でも多くの方に読んでいただきたいと思う。

◇宍戸健夫（愛知県立女子大学教授）

”さくら／さくらんぼ保育園“の実践は、いきいきとした躍動とよろこびの情感にみたされています。集団の美しさがあります。ここには斎藤先生を中心とする、すばらしい職員集団とそれを支える父母集団があります。

十数年前、私たちは”さくら保育園“の映画『三才児』にとても感動しました。集団の中に育つ子どもたちはどんなにすばらしいものであるかと。

今度の本はそれ以上の感動を私たちに与えてくれます。障害児を含めた保育実践という新しい課題を提起しつつ、

るのです。

”さくら／さくらんぼ保育園“は大きく、前に前進してい

◇田村茂（写真家）

川島浩は寡作であるが、命をかけて物を見つめてゆくタイプであり、常に対象の中に溶け込んで撮るタイプの写真家である。

『あすを拓く子ら』は、彼が長年の仕事で蓄積したすべてを一気にはき出した力作である。この本が彼の写真作品部分と保育園のルポの部分とを分けて収録したことも、大変成功している。どちらも子どもの内側からしっかりと子どもの心をとらえている。ことに屋内で撮ったものは傑作だ。自然光を巧みに生かし、高度な技術をみせている。”さくら／さくらんぼ保育園“というよき被写体を得て、写真家・川島浩の面目躍如としている。子どもを持つすべての人々、また子どものないすべての人々に是非とも見ていた

だきたい本である。

◇羽仁説子（日本子どもを守る会会長）

日本人は子どもをかわいがると言ったりしますけれど、このごろはそれさえあやしくなっています。

時代の混乱におとなも子どももまきこまれ、みんなが不安です。しかし、日本の未来は、子どもたちのまじめな健康と成長にかかっています。金がなければはじまらないというあせりよりも、めざましい子どもの成長にそって、地についた育成を考えることは急務です。

そのときに斎藤公子先生の本が出版されることはすばらしいことです。どんな困難のなかでも、つねに明るい理想を追求し、子どもたちを愛しぬかれた経験は、読むものに深い教訓と励ましを与えてくれます。

◇林　光（作曲家）

ことし（一九七六年）はじめて”さくらんぼ保育園”の卒園式を参観した。来てよかったと思い、同時にまた、もっと早く来るんだったたと思った。

面魂《つらだましい》、ということばがある。丸山亜季さんのピアノにあわせて、卒業証書を受け取りに歩いてくる子どもたちの表情は、まさに不敵な面魂であり、その面魂が、おそらく両親の心づくしであるにちがいないかれらの晴着と微妙にくいちがってしまっているのが、なんともかわいらしかった。

しかもその面魂が、壁にはられた、まるでクレーの作品といっても良い、繊細で、想像力でいっぱいな画を生み出したのだ。

卒園式のあいだ、誰に言われるまでもなく、力の弱い友を自然にかばいあう子どもたちの姿に、なんどか目頭が熱くなった。

もし、三才にもどれるものなら、ぼくは”さくら／さく

らんぼ保育園"に、いれてもらうつもりだ。

◇早船ちよ（作家）

さくら保育園の記録映画『三才児』をみたのは、十年ほど前でした。

『三才児』の保育実践は、人間形成の原点ともいえる幼時期に、自主自立の行動を身につけることでした。

わたしも、幼児文学の中で精神的乳ばなれを主張していますので、わが意を得たとばかり「『三才児』をテキストにして、保育を突っ込んで考えましょう」と、保母さん、学生、幼児文学を志すひとびとやおかあさんに、くりかえしてきたものです。

『あすを拓く子ら』ができました。

これは『三才児』を含めて二十年間の実践とその発展を記録したもの。「父母の要請のあるところ、必ず、保育所をつくっていく」地域運動のひろがりと、公子さんの活動

力には目をみはらされ、むしろ勇気づけられます。
ついこのあいだ、保育所をたずねましたが、きびきびと動く、よく笑う、大声で歌う、さくらんぼちゃんたちの頼もしさ、まさに、あすの保育園をそこに見た思いでした。

◇松谷みよ子（児童文学者）

ある親が、赤ちゃんに「ちょちちょち」を教えました。赤ちゃんは手をたたこうとするのですが、たたけないで、すれちがってしまうのです。両親は思わず吹き出し、赤ちゃんは傷ついてうつむきました。それから赤ちゃんはひとりで、ちょちちょちの練習をはじめ、ついにパチンと手がたたけたとき、それはもうよろこんで、親にしてみせたそうです。

一才にならない赤ちゃんの心に、こうした喜びや悲しみ、また目的を達成するためへの努力があることを、うっかりおとなは忘れてしまいがちです。

斎藤公子先生の保育は、まさにこの、幼い心にひめられた可能性に日の光をあて、いきいきと育てていく保育だとおもうのです。さっきの赤ちゃんのように、表現できる子はいいのです。表現しようとしない子の心の中にかくされた芽を、いのちがけでみつめ、育てる。斎藤先生はそういう方だと思います。

◇箕田源二郎（画家）

〝さくら／さくらんぼ保育園〟の子どもたちの、このいきいきとした表情をみてください。すばらしい運動能力の発達をみてください。そして〝さくらんぼ〟の子どもたちのいきいきとした画をみてください。

斎藤先生の思慮深い教育実践の成果は、子どもたちの作品やカメラマン・川島氏のたしかな目がとらえた子どもたちの姿をとおして、直接にみなさんに語りかけるにちがいありません。

◇矢川徳光（教育学者）

ひろい高い空のある保育園。お父さんがたが、その空をぴんとささえているみたい。土の香り。木々の匂いにむせるようなひろい園内。まるでお母さんがたの胸のようにふくよかな庭。子どもたちは、天空に大地に心を飛ばせて絵を創りだす。子どもたちは駆けあるき、はねまわる。あそびを知らない子なんて、ここにはいない。障害のある子も、みんなにまじってのびていく。

大きな幼児みたいに跳びはねもし、歌いも、踊りもする園長さん。だがまた、きちんと鍛えもする先生である。保母さんがたも勉強好きだ。秩父の奥で私もまじっての学習会の楽しかったこと。保育とは、教育とは、なにかという勉強であった。

〝さくら／さくらんぼ〟の保育園は、園全体の心が燃えている。その熱をうつして、子どもたちの目はきらきらしている。ここにはたしかに、日本を拓く子どもたちの目があり、手があり、足がある。

子どもたちよ、元気いっぱい、育てよ、伸びよ。

いま、あらためて保育界に偉大な影響力を持つ、第一級の方々のはげましのお言葉を読み、埼玉県深谷市で母親たちの熱心な支援を得て独立した保育園をつくってからの二十年、ただ沈黙しつつ、実践をつみ重ねていた私をこんなに励ましてくださった方々に感謝でいっぱいである。

林光先生のお言葉にもあるとおり、卒園式を見たい、という全国からやってくる人たちは朝の六時から長蛇の列を作り、皆さんがご覧になれる席をつくるのにたいへんな努力をしたのであった。この公開保育は、私が六十五才になるときまで続いた。これは、映画『さくらんぼ坊やパート６』を撮りおわった年である。

私は、この『あすを拓く子ら』の出版以来、堰《せき》を切ったように出版依頼が来るようになって、その後、共著も含めて数十冊の本を書き、映画は『三才児』以来、自閉症の子どもの成長を映した『育つ』、また、『さくらんぼ坊や（全六巻）』が撮影され、その後、二巻から六巻までをひとつにした映画『アリサ』（共同映画社・青銅プロ）が、つくられ、一九八六年度キネマ旬報文化映画第一位を獲得している。
ここに『アリサ』を一位に選考された委員の方々の言葉をも、引用させていただきたい。

—凡百《ぼんびゃく》の教育論にまさる『アリサ』は、乳児から就学までを捉《とら》えた感動の記録として、異色の作—。

科学ジャーナリスト　岡部昭彦氏

—『アリサ』をみていると、人間の成長とか発育とか言う概念がまったく新鮮に作りかえられておもしろい。映画がモノを見つめるとこんな新発見を掘り起こすものだという記録映画のみずみずしい力を感じる。—

日本大学芸術学部教授　登川直樹氏

—『アリサ』をトップに持ってきたのは、一人の子どもの成長を中心に長年にわたり追い続けた努力と、画面からあふれ出るさわやかさにうたれたからです。—

社会教育インストラクター・フリー　野中淳氏

―『さくらんぼ坊や』の七年間を集大成した、『アリサ』に改めて感心させられた。まさにヒトから人間への記録である。子育てにとって必要なものは何かということを教えられた。―

評論家　古谷糸子氏

―『アリサ』は長年にわたる執念の取材を結晶させて、あざやかにヒトから人間への記録を浮き彫りにしてくれた。みごとな結実である。―

日本視聴覚教育協会常任顧問　宮永次雄氏

―『アリサ』は幼児の成長記録を長期の撮影期間（映画の持つ特性的時間）によってありのままに記録し、人間の生きる意味をリアルな映像から問いかけている。その意味でこれは肉体的な年齢こそ異なるものの「痴呆性老人の世界」と同じことを語っている映画ではないかと思った。選考基準は作り手の人々の問題意識の深さと良識、脚本と音楽の独創性、撮影と照明の労力、編集の緻密さ、演出の実験性などを特に考慮させていただきました。―

映画評論家　渡辺実氏

いずれも、『アリサ』のもつ意義を鋭くとらえた批評であり、『アリサ』たちを育てた父母・保育者ともども、ありがたいことであると深く、お礼の言葉を述べさせていただきたい。

（『一〇〇人のアリサ』創風社刊より抜粋）

前に斎藤隆介氏（児童文学者）のお言葉を「公子先生は早い時期の『暮らしの手帳』に、楽しく充実した動物のぬいぐるみ人形を特集にくまれるようなひとであり」と、私のことを紹介してくださったが、私は、子どもたちの玩具にプラスティック製のものでも、また化学繊維のものでもない、本物のウールで作ったぬいぐるみの人形や動物をたくさん作って子どもたちに与えてきた。（本書のグラビア参照）

これはみな、私の父からの影響であろうとおもう。

父からの工芸、美術の影響

そう！父の子育てについて、まだ大事なことがあった。父は、母とともに月に一回は必ず、その町の一番大きな文房具店に行き、一番上等の美濃紙と、足りなくなった色のパステルを買ってくれた。

これは、私たち三姉妹が雨の日にあそぶ、お雛様《ひなさま》ごっこの着物をつくるためのものである。

父は千代紙を買って与えることはしなかった。「美濃紙に自分たちで模様をかきなさい。」といったのだ。そこで私たちは、自分のお雛様の着物や帯には、自分で模様を書いた。私たちは〝虫干し〟のとき、父のもつ大正デモクラシー時代に出版されたすばらしい『図案新集』などに陽を当てるために、そのままめくって観ていた影響もあってか、とても素敵な模様をそれぞれ描いた。（本書のカバー〈表紙〉の絵も、その一葉である。）

この本の一年ほど前に書いた著書『子育て・織りなした錦』の表紙の、子どもたちの絵を貼る土台の背景は、私が銀座の〝鳩居堂《きゅうきょどう》〟から買い入れた和紙で作ったものである。

職員の或る人は、近くに別の和紙を売るところがあり、その方が安いと言ったが、比べてみると重厚さが全然ちがうのだ。新しい〝さくら保育園〟の落成祝いのとき、ある古い卒園生のお父さんが祝辞を述べられたが、そのなかで「斎藤先生は、よい教材を買うのでお金がかかって園の財政がたいへん苦しかった。」と、話されて大笑いしたことがあった。

最後まで教師だった母

母は私が名古屋に講演を頼まれ、行って帰るとき「公子、今日はお母さんは具合がわるくて駅まで送れないから、すまないがこのバス停でお別れさせておくれ。」と言った。そこで私は「お母さん、帰りにすぐに病院に行って頂戴。」と言って帰った。母は素直にすぐに病院に行ってくれたが、そのまま入院になってしまった。そして三ヶ月の後に亡くなったのである。六十七才であった。

最後に私が見舞いに行ったとき、父は声をあげて泣いていた。あとで聞いたら、近所に住んでいた、ネフローゼで学校に行けなかった小学生も声をあげて泣いたという。母がその子の家に行き、毎日教えていたとのこと。

母は、最後まで教師であった。

子どもは必ず帰ってくる

私が二十六才のとき子どもを「奪われて」から、悲しみのなか、なんとか父、母に支えられて修行の十年を東京で過ごし、そして深谷に来て保育園をつくってから、いつのまにか五十年が経った。

そして、母の言った「子どもは必ずお前のところに帰ってくる。」という言葉が、本当であったことがわかったのである。

昨年（二〇〇六年）の原爆の日、息子夫婦が私の家のすぐ裏の家を買って、長年住み慣れた仙台から引っ越してきてくれたのである。息子の肩書きは東北大学の名誉教授であり、理学博士であった。

やさしくて美しい嫁である。ふたりの子どもは埼玉県の大宮とアメリカで立派に働いているとのこと。

あとがき

今年の年賀状はだいぶ買い足したが、年が明けてからも年賀状が毎日届くので、とうとう、普通のはがきに返事を書かざるを得なくなった。

これは、去年の三月に私が『子育て・織りなした錦—乳幼児の発達の可能性は果てしない』という著作を出版したからである。

この本にとりあげさせていただいた卒園生はもとより、本を読んで感動し、その後わざわざ埼玉県深谷市の私の家まで遠くから会いに来てくださった方もいた。

その私の書いた本にとりあげた「青《あお》文《あや》」さんは、夫と二人の子どもさんの一家を写真に撮って送ってくれた。上の女の子さんは、おばあさんの記念の品を使っての晴れ着姿であったが、下の男の子さんは、「さくら・さくらんぼ保育園」で育った子どもたちのように、正月も素足で写っているのである。

この子も、あの子も、幸せいっぱいの笑顔に育ってゆく素晴らしさ—。

この保育実践は、どうしても日本中に、いや、世界中に知らせなくてはならない。

「どんな子どもにも、どのようなときも、笑顔を向け、褒めて育てる、待ってあげられる保育を」と、すべてのひとに呼びかけたい。

この想いを筆にする機会を再び与えてくださった、出版プロダクションの桐野昌三氏に感謝する。

そして、すばらしい序文をお書きくださった、脳科学者・小泉英明先生には、心から御礼を申し上げるばかりである。

また、卒園生の親御さんであり、初期の社会福祉法人さくら会の理事として私を支援してくださっている中嶋正夫氏が、沖縄に住んでおられ、講座で訪れた折、私と私の協力者である塩部邦雄氏、穂盛文子氏、山村周氏を迎えに来てくれ、共に貴重な数日を過ごせたことは、とてもうれしいことであった。

私の今までの保育に心から感動し、後継ぎをしてくれている沖縄の、あかな保育園、こばと保育園、実りの里保育園、勢理客（じっちゃく）保育園、あおぞら保育園、あおぞら第2保育園の園長たちの歓迎ぶりは、いつまでも忘れ得ないものである。

あとがき

私が沖縄に行くときは必ずと言っていいほど、九州の姉妹園の園長たちも集まって来てくれる。この人たちの中には毎月、私の生活を心配して、援助をしてくださる方々もおり、私は心の中で涙しているのである。
このように長い年月にわたって私を支え励ましてくださっている全国の方々に、この機をお借りして心からの御礼を申し上げたい。

今回の沖縄行きは、私の最後の保育になるかもしれないとの想いをこめて、到着翌日は子どもたちのリズム遊びをし、二日目は初めての親たちに『わらしべ王子』の話をし、唄を歌った。そして、会が終わった後も年長児たちは園庭で私に野の花を摘んでくれるなど、みなは帰ろうとせずに私を囲み、実に楽しいものであった。
これが、第一章にご覧のとおりの、親たちの質問に答える交流で、今回のこの本は仕上げられた。まだまだ不十分とは思うが、何卒お許しいただきたく、またこの著作のためにご援助・ご協力くださった皆様に厚く御礼を申し上げ筆を置きたい。

二〇〇七年 七月 一二日

斎藤 公子

子育て・織りなした錦
乳幼児の発達の可能性は果てしない

斎藤公子著　かもがわ出版　定価（本体 2,600 円+税）

◆独創的な保育実践の集大成

就学まで一つも字を教えられることなく自然の中で元気いっぱいに育った子どもたちが、その後どのような人生を送っているかを斎藤公子の著作中で、初めて本格的に取り扱った作品。子育てを通して人間の土台とは何かを示唆している。

健常児のみならず障害児もふくめ、保育の成果を数十年の後に追跡・取材し、記録するという、世界的に見ても非常に稀有な著作。

科学的保育の開拓者、斎藤公子の保育人生を凝集。

A5 版　244 頁
（グラビア 8 頁）

【ご注文方法】

〔Ⅰ〕**最寄の書店にてお求めください。**

〔Ⅱ〕直送をご希望の方は、①住所　②お名前　③電話番号　④ご注文数
をお書き添えの上、FAX かハガキ、または E-Mail にてお申し付け下さい。全国送料無料。

〒366-0814　埼玉県 深谷市 大谷 2268-3　斎藤公子方　子育て・織りなした錦係 宛

FAX　048-573-6621　　　E-Mail　saitou_k1920@hotmail.co.jp

斎藤公子の手作りぬいぐるみ

デザイン：斎藤公子　製作アシスタント：穂盛文子

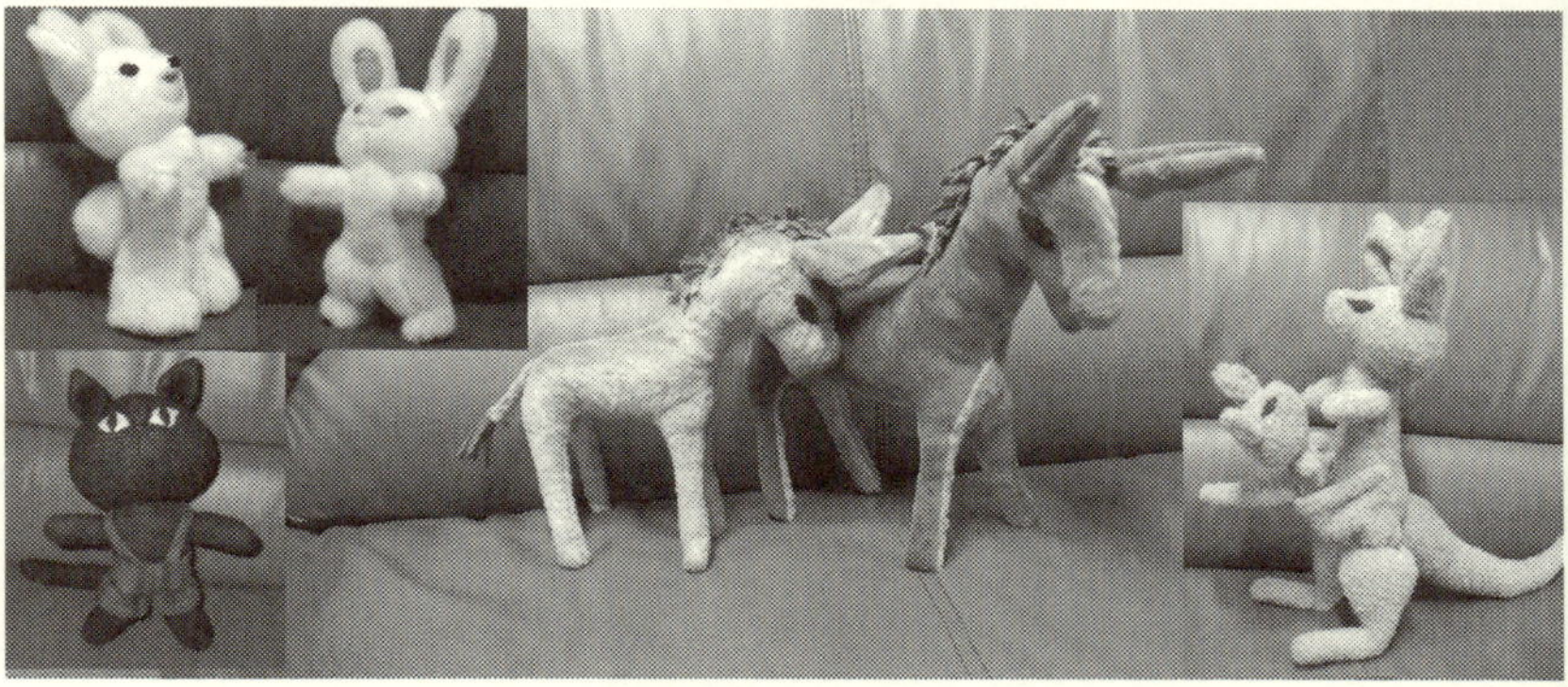

■ 愛情のある、独創的なデザイン

斎藤公子が以前『こども部屋』に寄稿していた、ぬいぐるみのデザインを復刻。みなさんにお求めいただけるようになりました。

■ 心をさそう、手作りの動物ぬいぐるみ

すべて手作りですので、ご注文いただいてからお届けまで、約２週間ほどの時間をいただいております。

■ 素材へのこだわり

素材を厳選。オーガニックコットンなどの天然素材のみを使用し、アレルギーのあるお子さんでも、安心してお求めいただけます。

■ プレゼントにも最適です

お誕生日やご結婚、入園・入学など、日にちをご指定の場合には、優先して作成し、お届けいたします。

ロバの親子
¥50,000（税込）

カンガルーの親子
¥50,000（税込）

うさぎ
¥30,000（税込）

くま
¥30,000（税込）

ねこ
¥30,000（税込）

（各全長約 25～30cm）

【ご注文方法】

ご希望の方は、①住所　②お名前　③電話番号　④ぬいぐるみの種類　⑤ご注文数
をお書き添えの上、FAX かハガキ、または E-Mail にてお申し付け下さい。送料は実費となります。
〒366-0814　埼玉県 深谷市 大谷 2268-3　斎藤公子方　手作りぬいぐるみ係 宛
FAX　048-573-6621　　E-Mail　saitou_k1920@hotmail.co.jp
※　手作りのため、おなじ種類のものでも、ちょっとずつ違いがあります。ご了承ください。

■　DVD（VHS ビデオ）の完成

全国各地から、保育指導や講演をして欲しいといった要望が、数多く斎藤公子先生のもとへ寄せられていましたが、先生がご高齢のためにすべてには応えられず、手元で愛蔵し、いつでも視聴できる映像全集が待たれていました。

その後『映像全集・斎藤公子の保育』（全６巻）として先生の理念と実践を映像に定着する作業が行われ、完成発売されました。

以来数年にわたって保育関係者のみならず、児童教育、小児医療などに携わる方々を中心にお届けしてきましたが、初回製作分は売り切れの状態が続いておりました。

今般、第二回増刷が行なわれますので、多くの方々の購入希望にお応えできることと思います。

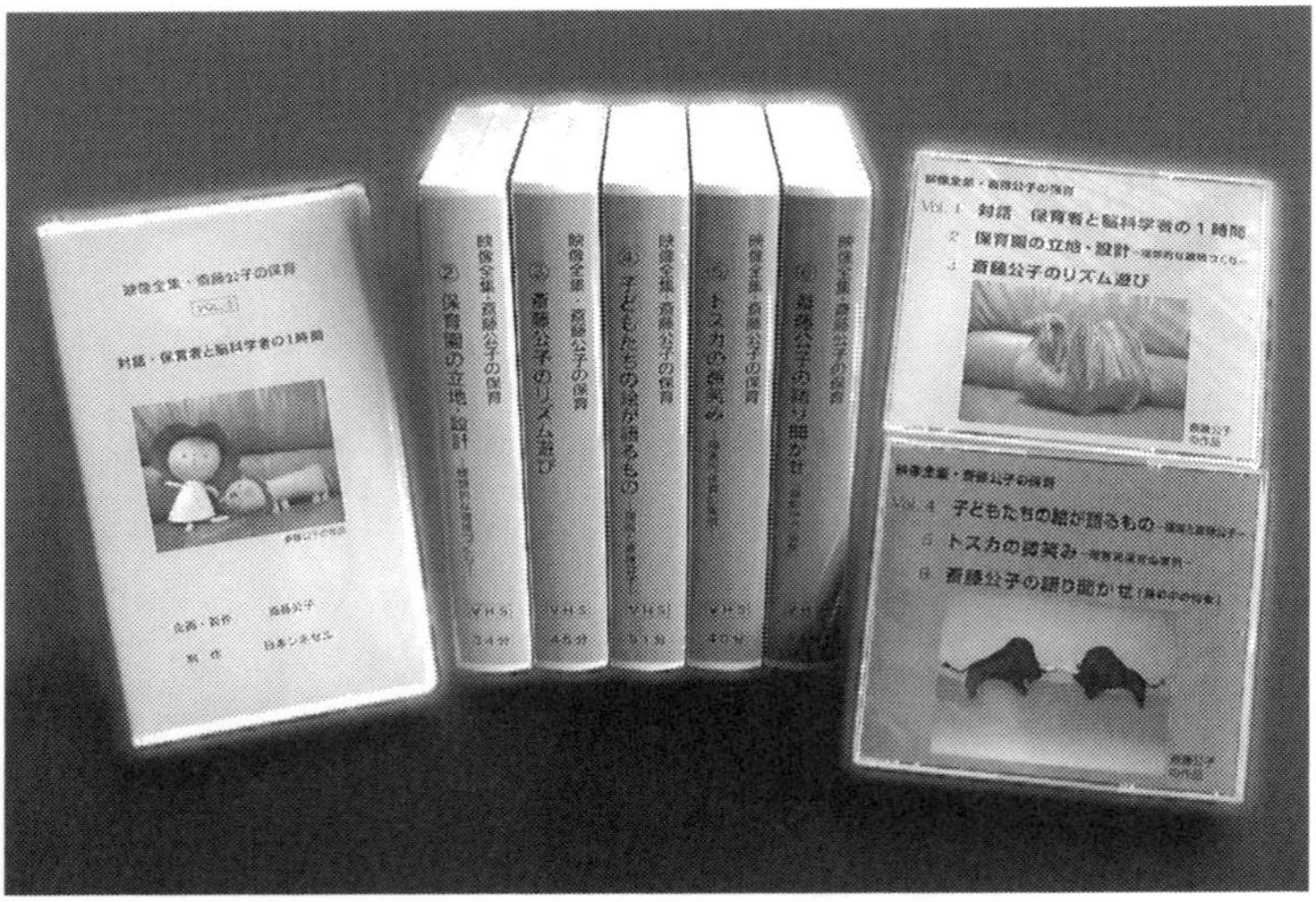

※パッケージは仕様のため、変更される場合があります。

【ご注文方法】

ご希望の方は、①住所　②お名前　③電話番号　④DVD または VHS　⑤ご注文数をお書き添えの上、FAX かハガキ、または E-Mail にてお申し付け下さい。

〒366-0814　埼玉県 深谷市 大谷 2268-3　斎藤公子方　斎藤公子映像全集製作事務局 宛

FAX　048-573-6621　　　E-Mail　saitou_k1920@hotmail.co.jp

※　なお、お支払いは現品到着後、銀行振り込みにてお願いいたします。（全国送料無料）

映像全集・斎藤公子の保育

DVD／VHS〈全６巻〉　定価30,000円　（本体29,572円＋消費税）

■　斎藤公子の人と仕事

斎藤公子先生は1920年に生まれ、隠岐を故郷として育ちました。1939年、東京女子高等師範学校保育実習科を卒業され、戦後、児童福祉法施行と同時に、引揚者の孤児や、東京空襲後、生活に困窮していた子どもたちの保育に没頭。1954年、深谷の保育園に招かれましたが、あまりにユニークな保育のため、すぐにクビになってしまいました。そのとき担任していた子どもの親たちが「さくら保育園」を建て、その後、農村部にも、「さくらんぼ保育園」「第二さくら保育園」が建てられました。以来、先生は保育一筋に人生を送ってこられました。

斎藤公子先生の保育の根幹は、子どもたちの全面発達を目指すもので、機能的で健康的そして独創的なものでした。身体機能と精神を健やかに育むため、施設の立地・設計から食事まで創意工夫が凝らされ、毎日行われるリズム遊び、創作曲を含む歌、動物とのふれあい、土と水に親しむ遊びなどによって、子どもたちが、伸びのびと育っていきました。障害を持った子どもたちも一緒に保育し、大きな改善をもたらした事例は数多く、枚挙に暇がありません。

各巻の主な内容

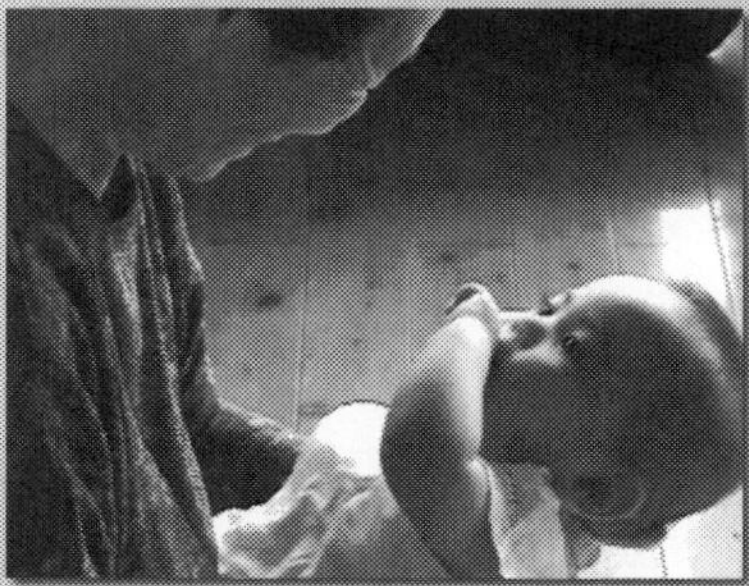

- **Vol.1**　対話　保育者と脳科学者の1時間　～斎藤公子と脳科学者・小泉英明先生～　60分
- **Vol.2**　保育園の立地と設計　～理想的な環境づくり～　34分
- **Vol.3**　斎藤公子のリズムあそび　45分
- **Vol.4**　子どもたちの絵が語るもの　～描画と斎藤公子～　51分
- **Vol.5**　トスカの微笑み　～障害児保育の実例～　40分
- **Vol.6**　斎藤公子の語り聞かせ　～錦の中の仙女～　34分

斎藤 公子（さいとう きみこ）

さくら・さくらんぼ・第二さくら保育園　創設者
1920年生まれ　1939年東京女子高等師範学校保育実習科を卒業

著　書　あすを拓く子ら（創風社）／さくら・さくらんぼのリズムとうた（群羊社）／子どもはえがく（青木書店）／子育て・織りなした錦（かもがわ出版）など
絵　本　錦の中の仙女／黄金のかもしか／森は生きている（いずれも青木書店）、他多数
共　著　みんなの保育大学シリーズ（12巻、井尻正二・近藤四郎・久保田競・大島清・三木成夫ほか、築地書館）、など
映　画　さくらんぼ坊や（全六巻、共同映画・青銅プロ）／アリサ（共同映画・青銅プロ）／映像全集・斎藤公子の保育（全6巻、日本シネセル）

小泉 英明（こいずみ ひであき）

（株）日立製作所　役員待遇フェロー、科学技術振興機構　領域総括、
東京大学　先端科学技術研究センター　客員教授、
中央教育審議会・原子力委員会　各専門委員

著　書　『脳は出会いで育つ「脳科学と教育入門」』青灯社（2005）／『脳を育む：学習と教育の科学』OECD教育研究革新センター（CERI）編著、小泉英明（監修）、小山麻紀（訳）明石書店（2005）／
『脳図鑑21：育つ・学ぶ・癒す』工作舎（2001）、他多数

生物の進化に学ぶ　乳幼児期の子育て

2007年8月3日　第1刷発行　　2008年3月15日　第2刷発行

著者　斎藤 公子
企画・編集　フリーダム（桐野 昌三）
編集アシスタント　山村 周
編集協力　写真提供　穂盛 文子 / 中島 正夫
カバー・グラビアデザイン　ad-liv（澤渡 嘉明）
発行者　竹村 正治
発行所　株式会社 かもがわ出版
〒602-8119　京都市上京区堀川通出水西入
TEL 075-432-2868　FAX 075-432-2869
http://www.kamogawa.co.jp/
印刷　モリモト印刷株式会社

ISBN978-4-7803-0111-3　C0037　乱丁・落丁本はお取りかえいたします。